最新教育原理 ⟨第2版⟩

［編著］
安彦忠彦 ABIKO Tadahiko
石堂常世 ISHIDŌ Tsuneyo

keiso shobo

まえがき

　本書は、新学習指導要領の内容を念頭に置き、教職科目「教育原理」のテキストおよび教育学を学ぼうとする学部学生向けの入門書として編集・刊行されたものである。編者の願うところは、今日の山積する学校教育上の諸問題について、読者に必須の基礎的・基本的な知識と教養を身に付けさせるとともに、併せて、読者を教育学・教育研究へ効果的に導きたいということである。この意味で、教育に関心をもつ一般の人や、教職志望の社会人の方にも、必ず役立つようにと心がけた。

　この方面のテキストは、昔から類書が多く、どれも特徴があり優れたものもあるが、本書は、2004（平成 16）年に本出版社から刊行し、幸いにして版を重ねた『現代教育の原理と方法』を全面的に改訂し、大幅に内容を変えたので、新しい書名で刊行したものの第 2 版である。しかし、その特徴は基本的に旧著を踏襲しており、一方で、教育学を学ぶ学生および教職を志す学生に、教育学の「基礎的・基本的な知識」を提供するとともに、他方で、現在の学校が直面している「様々な現代的課題」についても幅広く触れている、という点である。とくに教職志望者に対しては、一般社会から、教職の専門性や教師の力量の高度化が強く求められている今、広い視野と深い専門教養と高い実践的力量をそなえた、省察力のある品性の優れた教師が、理想像として念頭に置かれていることを強調しておきたい。この特徴については、以下にもう少し詳しく述べて、本書の趣旨を理解していただこう。

　第一に、類書と同様、学校教育の諸分野に関する基礎知識を、人名、事項など、できるだけ網羅することとした。それは、「教育原理」ないし「教育学入門」として必要な基礎知識を欠かすことはできない、と考えたからである。そのために、それらを要約的に、わかりやすく説明することに留意したとともに、「索引」をやや多めにして便宜を図っている。読者は、そのような努力のあとを、本書の至る所に見るはずである。

第二に、学校の抱える最近の教育課題については、その研究成果や国内の事情・国際的な動向を含めながら論じていること、にも注意してほしい。とくに、2020年4月から正式実施の学習指導要領で新たに展開される道徳教育、外国語教育、特別支援教育に関する章がかなり書き改められている。この点については、章によって多少の違いはあるが、最近の主な教育課題には、ほぼすべて論及している。論じ尽くせていない点もあるが、それは主に紙数の制約があるためであり、ご寛恕願いたい。

　第三に、一般社会から強く求められている、教師の臨床的実践能力を育て、高めるよう十分配慮した、という点がある。この点から見て、類書にない本書の最も重要な特色は、小学校の「外国語科・外国語活動」や「特別支援教育」という新しい実践領域についても、それに一章を当てて正面から論じていることである。一般的には、これらの領域はやや特殊なので、あまりこの種のテキストで論じられないのであるが、本書は、今後の学校教育で最も注目される重要なものと考えて、あえて独立に取り上げた。

　以上のほかに、本書の最後に、各章の「参考文献」を一覧で示したが、これは読者に向けて、今後の一層の勉学の助けとなるものを、それぞれの章の分担執筆者に選んでいただいたものである。読者は、それらの文献を通して、より深く興味や関心をもった専門的な分野に踏み込み、さらにその分野の展望を得るよう努めてほしい。

　現在、「公教育」の中心たる「学校教育」は、国際学力調査などにより世界的に関心の的であるが、学校外の「私教育」つまり「教育一般」についても、とくに日本では危機的な状態にある。本書から、そのような状態を全体的・多面的に知り、今後、どこをどのように改善していけばよいのかについて、読者が少しでも明確な示唆と見通しを得て、教育に携わってもらえればと願っている。とくに、教職を志している学生や社会人の方々には、その教育的力量の向上のためにも、本書が役立つことを確信し、また期待するとともに、併せて読者各位から本書へのご批正をいただければ幸いである。

　　2020年3月

　　　　　　　　　　　　　　　　　　　　編者　安彦　忠彦

最新教育原理 第2版

目　次

第Ⅰ部　教育の理論と展開

第1章　教育の目的と本質

石堂　常世

1　教育の目的のとらえ方

　今日では、国家の枠組みを無視した教育目的の考察は、一見意味がないように思われる。国民の育成を前提とした教育の目的は、各国の教育法規に明記されている。日本の場合についていえば、教育基本法の前文にある「個人の尊厳を重んじ、真理と正義を希求し、公共の精神を尊び、……」に続き、それを受けた第1章第1条「教育は、人格の完成を目指し、平和で民主的な国家及び社会の形成者として必要な資質を備えた心身ともに健康な国民の育成を期して行われなければならない」である。「人格の完成」や「個人の尊厳」という普遍的価値をうたう教育の目的は、全体主義に陥った戦前の教育を反省して掲げられた理念であるが、2006年の改正によっても継承され、わが国の人間形成の基軸をなしている。

　西洋主要国の場合、近代市民社会構築の歴史的発展が日本と異なっており、また地方分権の教育行政組織で推移してきた国々もあり、国民全体に行き渡る人間形成の根本理念を定めた教育基本法のごときはもたないケースが多い。しかしわが国の学校教育法に該当する教育法がないわけではない。フランスでは、2000年以降、それまでの教育諸政令の集成を行い、「教育法典」と名づけているが、その第1編「教育の一般原則」の第1章第1節に、教育は国家第一の優先事項であり、フランス国家の枢要な「公共サービス」である、と規定した。

その後、「学校基本計画法」（別称フィヨン法2005）の制定の際に、この第1節に「共和国の価値を共有させること」をめざす、と追条項化した。よって、共和国の市民育成というフランスの学校の最高の使命は、フランス教育法規の底流をなす。このように、教育基本法でなくとも憲法や政令などにその国の国民育成の教育目的が規定されている。さて、これら諸法規に明示された教育目的については、2つの留意点が必要であろう。

　ひとつは、法規にみる教育目的には、「人格の完成」とか「共和国の価値」といったように、その国の近代市民社会形成過程に関わって必須となった特別な価値がこめられているケースが多い。日本の場合は、戦後から、カント哲学（『実践理性批判』）にその淵源がある「人格」という人間の尊厳の理念を掲げ、普遍的な教育価値を堅持している点に留意したい。フランスについて言うならば、フランス革命時の「人間と市民の権利の宣言」（1789年）の理念や1882年のジュール・フェリー法に始まり1905年の政教分離法で定められた公教育と教会の分離原則が、フランス共和国の教育目的の哲学的バックボーンの底流にある。この原則は極めてナショナルな経緯を有してはいるが、国民全体に浸透している法制的な教育理念となっている。

　ふたつは、教育の目的の究明に関して、もはや国民の育成にこだわって考えるのは時代遅れであるという見解がないわけではない。1902年のデュルケムのソルボンヌでの初回講義（『教育と社会学』として刊行）から定着してきた教育観、すなわち「個人」ではなく「社会」の世代交代に軸をおいた国民形成への視座転換は、以下の4つの潮流から今や軌道修正を求められている。第一に、1970年代から先進国に萌芽してきた価値の転倒と多様化、そして価値観の個別化、第二に、過去の文化遺産の伝承という教育機能からの決別の提唱（ブルデュー『再生産』など）と未来志向型人間の創成提唱（トフラー『未来への衝撃』）、第三に、移民社会国家の出現と多文化国家の多様性から招来したナショナルアイデンティティ的理念への批判的動向、第四に、1980年代以降の情報化社会とグローバル時代の出現に伴うトランスナショナルな今日型シティズンシップ（地球市民性）育成の希求である。その流れはますます加速化しており、とくに徳育の価値に関する見直しや学習内容・形態への変革を惹起している。

　本章では教育法規上の教育目的についてはこれ以上触れないでおくが、教育

の目的という場合、①ナショナルな教育法規上の規定、②普遍的人間像の哲学的規定、③世界的な変革からの時代的要請、という諸層から幅広くとらえていかなければならない時代にきていると、認識しておきたい。尚、教育の目標という場合は、教育の目的の下位概念として捉えることが一般的であり、それらは教育行政機構が児童生徒に育みたいとする、より具体的な価値内容を指し、各学校の教育目的や目標、とくに学習内容と徳育（宗教教育、道徳教育、公民教育等）のあり方に具体的に反映する場合が多い。

　20世紀の80年代以降、各国において学校教育に関する改革提言の答申が頻繁に出されるようになった。それらもまた、新たな人間形成のための提言と実現のための対策である。しかし、学力論争からも分かるように教育改革答申書には戦略性がこめられているので、哲学的考察というよりは国際競争力の増強といった国策的スタンスを背景にしている場合が多い（典型的なのは、アメリカ合衆国教育改革レポート『危機に立つ国家：日本教育への挑戦』など）。他方、人間教育の考察は、人間の生活が展開し、子どもが大人になっていく限り、どこでも、いつでも、時空を越えて受け継がれる意義をもつ。教育のとらえ方は主観的であり、それゆえに千差万別である。今日のような情報化社会になると、教育論は無数に輩出し百花繚乱である。その主観的・政策的緒論を分け入って、歴史的錬磨に耐えた人間教育の目的論を振り返ってみることは「教育」という営みを考えるうえで依然として意味をもっているのである。

2　3つの時間軸と人間の形成

　すでにトフラーが強調したように、現代の教育は「過去」向きであった教育を「現在」中心の教育に変えてきたし（この点で、トフラーはデューイを評価）、これからは未来志向型の教育に鋭敏に舵を切らなければならないといえる。そのことはとくに学習内容の精選と編成において強調しなければならない。しかし、子どもに道徳性・社会性を育成する徳育となると、人間の教育は必ずしも現在から未来への方向性で十分とはいえない面がある。というのは、人間の教育、つまり「人間が人間になる」（カント『教育論』）ということは、人類の文化遺産（歴史的系譜）に包摂されるさまざまな精神的価値を継承し発展させる

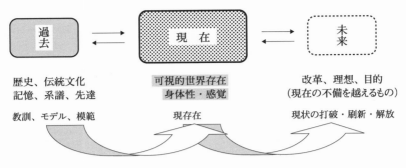

図1-1　人間の生の三次元と教育要因の関係

ことでもあり、その意味で「過去に脱帽すること」（アラン『教育論』）でもあり、いうならば、「過去」・「現在」・「未来」という時間帯を自由に横断して自分という存在を環境（自然環境・社会環境・文化環境）の中で成長・変革し続けることが必要であるからである。

　変化の激しい現代に生きる私どもは、どうかすると「現在」中心の生き方に価値の照準を置きがちであるが、そのことは、「身体性」に傾斜した生き方に流れ、「現在を絶対化し」（浅野智彦論文「現代社会における時間と子どもの感情」）、今の瞬時の関心事のみを先行させがちな生活感覚を鋭敏化するに至る。子どもが人間になっていく（篠原助市「自然の文化化」）という意味を考察するならば、現在と未来の架橋以上に、むしろ過去と現在の架橋が人間形成要因として働いているのかもしれないのである。その典型が、家庭のしつけという機能である。教育の目的を人間形成の深化のスタンスから捉え直してみるならば、そこには「過去」・「現在」・「未来」という時間軸の3要因が、偶然的にも意図的にも常に相互に働かなければならない（図1-1）。そうしてこそ、ヒューマンな意味合いで未来志向型といえる調和のとれた人間が育成できるのではないだろうか。このことは、教育の現代化といった一方的な流れへの、ひとつの警鐘にもなるであろう。

3　「教育」の語彙が示唆する意味

　教育の目的を考察しようとするならば、「教育」education という語彙の起源を調べると見えてくるものがある。まず、「教育」に該当する "education"（英）、"éducation"（仏）、"Erziehung"（独）の語彙は、16 世紀以前のヨーロッパには流布していなかった。Education の語源は、ラテン語の educatio を音訳したものであり、16 世紀のルネサンスの人文主義者たち（ギリシャ・ローマの古典学の復興者たち）が使用し始めたといわれる。この時期には印刷機が発明され、印刷機のおかげでエラスムスがヘブライ語からギリシャ語、ついでラテン語に訳出した「聖書」が巷に流れ始め、聖職者の堕落やスコラ神学的学問手法の硬直性が批判され、その拘束からの解放を唱える人間論や教育論が輩出した。つまり、時代が変動期を迎えていた。さて、ラテン語の educatio は、「指導者」を意味する dux, ducis を語源としていたが、やがて動詞の ducere（導く、命令する）を生み、さらにこの動詞から、「外に引き出す」educere と、「外から形づくる」educare という対称方向的相関関係にある 2 つの動詞が派生したといわれている。「外に引き出す」と「外から形づくる」という相反する方向性をもった二重の意味は、「教育」の本質に関わる自己成長と教授という対極かつ交錯的意味の二重性を示唆するものである。このことはまた、人間の教育に関して、それら 2 つの方向性が表裏一体のものであること、すなわち両者は不可分にして不可欠なり、という「教育」の真意に気づかせてくれる。

　次に、16 世紀ラテン語の educatio には、①植物の栽培、②動物の飼育、③人間の養育・教化という 3 つの意味が含まれていたといわれる。17 世紀に入るや、言葉の管轄と保護を目的として創設されたフランスの学術団体、アカデミーフランセーズは、ラテン語の educatio を③の「人間の教育」に意味限定し、「精神と身体の形成」と定義した（1635 年）。このことは、「人間の教育」が、植物の栽培・生育と同根なのであること、しかるに別格であること、動物の飼育・訓練と類似点はあるが、しかるに異質であることを意味する。この語彙の含みを、コンピュータに依存しがちな現代教育は振り返るべきであろう。

　最後に、教育の可塑性（かそせい）に通じてくる「人間の不完全性」

inachèvement de l'homme という問題について触れておきたい。フランスの教育哲学者パチュレは、その著『教育の責任性について』（仏文）（1995）において、「人間の不完全性」（永劫に未完の人間、決して完成しない人間）への着目が、古来から教育の考察の根源にあり、それゆえに人間には「完成への絶えざる変容」が必要とされていると述べている。すなわち、生物として社会人として「現状」に安んじるのでなく、また自分が生きている現実社会を絶対視することなく、次元の異なる見方を考慮に入れて生きるということは、人間が完璧でなく不備な欠損状態にある存在であるためである。そのことはつまり、人間とは現実的拘留からの解放をめざすことのできる「自由な存在」であるということでもある。このような「永劫の不完全性」という人間観は、先ず、ギリシャの哲学者たちが気づいていた基本原理であり、現実の不備を自覚してそこからの脱皮をはかる人間の生き様に人間の本質を見るのである。さらに重要な点は、めざすべき「よりよい価値」は、現実に実体としては存在しないこと、すなわち感覚では確認できないこと、それは不可視的なものであるという点である。それをプラトンは「イデア」idea（理想・理念）と名づけた。イデアは固定した存在物なのではない。20世紀前半のシュプランガーやボルノーのいう人間的「覚醒」や「自覚」もまた、同様に不可視的な人間固有の意識である。

19世紀ドイツのヘーゲルの「精神の弁証法」（『精神現象学』）は、この「人間の不完全性」を押さえたうえで、より精錬された存在の次元への絶えざる変容の道程を提示しているが、20世紀初期のアメリカのデューイは、それを行動の弁証法に転換し、「教育とは経験の更新である」と定義するに至った（『民主主義と教育』）。一元論に立ち、「現在」重視の試行錯誤による実験的行動の連続を説く経験主義の教育論は、デューイが何度も著書で述べ立てているように、一見ギリシャ以来の人間像とはまったく相容れない印象を与えている。しかし、デューイ教育学の根底には人間の永劫の不完全性の認容があり、それゆえの自己変革の連続というヘーゲル的弁証法の手法が認められる。

4　教育の多様な見方から人間化のパターンを理解する

このようにながめてくると、「教育の目的」を行為に先立って立てることに

は行動の固定化という弊害が出ると述べ、経験の連続にみられる行動変容こそが「教育」であるとしたデューイにも、意外やヨーロッパ哲学と共通する人間観が潜んでいたことに気づく。両者の相違のひとつは、観察できない形而上学的能力が人間に育っていくことを前提とするか、それは問わずに、とにかく実験科学的に確認できる感覚と身体性の次元で人間的成長のメカニズムの分析をするかどうかということである。ふたつ目の相違は、人間的な成長というテーマを立てる際に、模範となりうる「熟成した大人」を想定して教育の目的を考えるのか、あるいは未熟だが発達可能性に満ちた「子どもの歩み」に考察の起点をおいて、そこを離れないか、である。

　そこで、多様な教育の見方を大観する手立てとして、筆者なりの教育思想の系譜相関図を示しておきたい（図1-2）。図を概説するならば、

　　Aは、イデアリズムの哲学を基盤とした伝統的なヨーロッパの教育思想

　　Bは、これに抵抗して論陣を張ってきた唯物論、感覚論、経験論に立つ教育論

　　Cは、キリスト教に立脚して神の存在を最前提とし、信仰を人間形成の究極的目的とする教育論、これに神の恩愛と子どもの安寧を結合させる幼児教育論の一部が関係する。

　　Dは、いわゆる児童中心主義といわれる新教育で、ここで教育のスタンスが「子どもから」（エレン・ケイ）といわれる視点に変わる。必ずしも宗教系だけではなく、医学者の場合は感覚論、経験論との結びつきも強く、さらには非宗教的立場、共産主義の立場の新教育論もある。

　　Eは、デュルケムの言説に始まる「国家・社会」に軸をおいた教育の見方であり、個人の形成というそれまでの教育のスタンス（ルソーやカントをこの点でデュルケムは批判）に決別した見方である。この教育観は、資本主義国家体制の発展過程と連動した教育観となり、第二次世界大戦後の教育の普及・大衆化に伴って発展した教育行政学や教育社会学における教育の捉え方となって主流をなしている。

　　Fは、国家、国境という垣根さえも取り払って、地球的規模の課題を学んでいくことに未来の教育のあり方をさぐるグローバル時代の教育観である。

（1）教育を<u>個人の人間化</u>の問題として考察する
　　古代～21世紀の現在

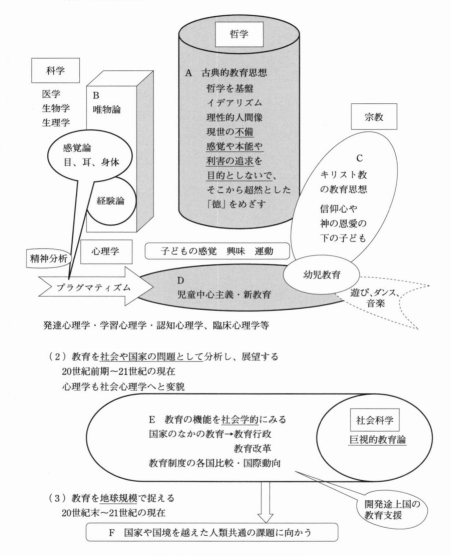

哲学

A　古典的教育思想
　　哲学を基盤
　　イデアリズム
　　理性的人間像
　　現世の<u>不備</u>
　　<u>感覚や本能や</u>
　　<u>利害の追求を</u>
　　<u>目的としないで、</u>
　　そこから超然とした
　　「徳」をめざす

科学

医学
生物学
生理学

B
唯物論

感覚論
目、耳、身体

経験論

宗教

C
キリスト教
の教育思想

信仰心や
神の恩愛の
下の子ども

精神分析

心理学

子どもの感覚　興味　運動

プラグマティズム

D
児童中心主義・新教育

幼児教育

遊び、ダンス、
音楽

発達心理学・学習心理学・認知心理学、臨床心理学等

（2）教育を<u>社会や国家の問題</u>として分析し、展望する
　　20世紀前期～21世紀の現在
　　心理学も社会心理学へと変貌

E　教育の機能を<u>社会学的</u>にみる
国家のなかの教育→教育行政
教育改革
教育制度の各国比較・国際動向

社会科学

<u>巨視的教育論</u>

開発途上国の
教育支援

（3）教育を<u>地球規模</u>で捉える
　　20世紀末～21世紀の現在

F　国家や国境を越えた人類共通の課題に向かう

図1-2　教育思想の系譜の相関図

5 教育の目的措定の今日的困難性

　では、これからの社会の教育目的を考えるうえで、当系譜図に挿入できなかった新たな思想的状況について触れておきたい。とくに20世紀の70年代から教育思想の様相は大きく変化し、人間形成における目的の考察は大きく後退したといえる。19世紀末に胚胎するポストモダンと称される現代思想（ニーチェ、フロイド、ハイデガー他）が哲学思想界を席巻し、ゆえにヨーロッパ哲学といえども、もはやギリシャ哲学の古典的係留をそのままでは保っていけない状況である。解放の思想（欲望の正当化）、あるいは極端な個人的相対主義（ブルーム『アメリカン・マインドの終焉』）へと発展したこの思想の流れは、2000年に入ってからも若い世代の強いライフスタイルとなってその生き方は定着したかのようである。だが、消費と快楽と娯楽への過大な要求の結果、「道徳不要論の文化」（リポヴェッキー『空虚の時代』）を招いたといわれるこの状況は、教育現象論にはなりえても、教育目的論の構築には不向きである。1970年代以降はまた、教育の理論と実践に関して、「学校破壊論」や学校教育の「象徴的暴力論」といった学校体制批判論が噴出する一方、ほどなく教育市場論（学校教育の自由選択制等）が注目を集め、相対的価値観はさまざまな主張やかたちとなって私たちの生活を取り巻き、影響を与えるようになった。

　しかし、教育学は、こうした社会的・文化的状況下でも子どもを人間化するために規範意識や道徳性醸成の問題に顧慮せざるをえない。主観的な価値づけの流行について、それは個人主義への傾斜と科学的合理主義に因があるとみたブレツィンカは、1986年の段階で、主観的な価値のヒエラルキーというものは「方向づけの危機、価値づけの危機」であり、この状況は「教育の危機」につながる、と警告している。ブレツィンカによれば、教育の目的とは、教育者が被教育者の内に啓培しようと望む「人格的諸特性」のことにほかならず、教育者は、人間ならば誰しも有すべき価値のある人格的諸特性を子どもたちに長く保持させ発展させるべき義務を負っているはずであるという。彼はこの信念を崩さず、各人が経験の中で積み上げる主観的価値の嗜好性とは別に、万人が共有すべき共同体としての時代的・歴史的価値の構築や創出を積極的に行うべ

きだと提言する（『価値多様化時代の教育』）。

　教育への問いかけは、人々が生きているうえでの時代的困難性・時代的課題に対して敏感であることから生じるものである。教育のあり方に無視できない弊害が指摘されるような状況下では、その弊害をとり除こうとする問題意識が高まり、新しい角度から教育のあり方についての省察そして提言がなされる。歴史を振り返ってみるとき、このことは真実である。教育の本質や目的を問い直す哲学的考察は、純粋に学問的理論として語られることもあるが、人間性の枯渇状態、とりわけ子どもや青年の健全な成長が閉塞状態におかれたり、人間の尊厳が歪められかねない状況下において、時代への警告として現れるのである。まさに今日がそのときなのであるかもしれない。

6　教育の責任性と可能性

　カントは、「教育とは、人間が人間になることである」と述べているが、彼のこの教育のとらえ方をどう解釈するかが重要であろう。マックス・シェーラーの人間学を参考として作成した図1-3を参照されたい（『宇宙における人間の地位』、なお、森昭『教育人間学』も参照）。カントのいう前者の「人間」は、生物としての自然的存在、とくに子どもや青少年のごとく未熟な存在を意味し、いわば教育の始発としの「素材」である。他方、後者の「人間」とは、自立できる段階に至った成人、「熟成した大人」を意味する。子どもから大人への移り行きには、持続的な「変質」が基本要件である。それは、アリストテレス流にいえば、「質料」の状態に「形式」が加えられていく連続的過程であり、そこには精神的脱皮と新存在の生成というべき弁証法的発展が展開する（ヘーゲル）。まさに、「教育するとは、子どもをそれ以前の状態から脱皮させることである」という定義の深みがある（フルキエ『教育用語辞典』）。子どもや若者は、他者から学ばないで、教えられないで、自然のままで、まともな人間になれるであろうか。否、人間は、一人では「人間」にはなれない。成長とは、生物として自然の体系の中にあって、かつ家庭、学校、社会という生活圏のなかにあって他者と共存していくのみならず（社会的動物）、そこになお精神的・人格的な成長という意味合いが付加されなければならない。「肝心なのは、人間とし

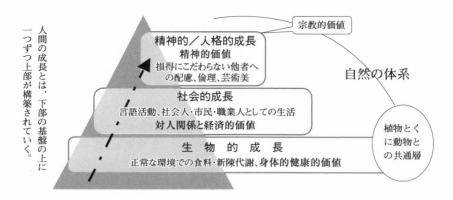

図1-3　教育的人間学からみた人間の成長と実態

て立派にふさわしく生きることである」とモンテーニュがいうとき（『随想録』）、「立派に」とは世の中で偉くなるということではない。

　昨今の「キレる子ども、キレ易い人間」の弱さの根はこの成長の構造の亀裂にあるといえないだろうか。また子どもを虐待して死に至らしめるような親の凶暴な行動の要因は、社会化・精神化をし得ない人間の生物性にあるのではないだろうか。社会性、精神性への突破口が健全なかたちで開かれる機会に遭遇せずに（大半は家庭生活に原因がある）生物的存在として生活せざるを得ない子どもは、保育所や幼稚園や学校で意味なく暴力をふるいがちである。あるいはそのような流れで成人していった場合、破壊的あるいは破滅的行動を起こしがちである。人間の成長というものは、生物的成長の上に社会的成長が重なって融合していくことであること、それがまた自然な流れでもある。この自然な成長発展が妨げられ停滞してしまう場合に、人間はときに絶叫し、爆発する。自殺や逃避（引きこもり）もあり得る。したがって、人間は他者（個人、集団）と自分を接触させ、共存していく手法（生き方）を身につけていくことが必須であり、次いで、その社会集団の秩序をつくっている諸規則を守って生きていけるという力を自分のものにしていくことである。

　ところで社会とは現実であり、それは、ベルグソンのいう化石化した慣習のかたまりでもあり、体制でもある。政治体制はその典型であろう。人間はこうしたシステムの中で生きることではじめて単なる生物ではない「社会的存在」

となり、バランスのとれた生活を営んでいく。しかしながら、人間は、社会的存在に甘んじない存在でもある。たとえば「社会」を江戸時代の幕府や藩体制と置き換えてみればよい。「精神の自由」という問題はそのような事態に機能するであろうか。「人間的成長」という場合、「行動の自由」はもちろんであるが、「精神の自由」が究極の課題となる。人間というものは、社会の中に生きながら、その社会を乗り越える動物なのである。身体ではなく精神によってである。これこそが、新カント派が取り組んだ問題であり、さらには社会学的規準を打ち立てたデュルケムが第三共和制の確立期にあって、「個人的人格の尊厳の承認」を「国家社会はいかに解決するか」と懊悩した論点であった。

　人間は、社会に生きながら社会を越える存在者であり、教育の目的は究極的にこの次元までの人間形成をめざすことにある。それは生物的存在と社会的存在を統合したうえでの統一した人格であり、この意味で、教育は究極的に、「自己教育」aoto-education をめざすものでなければならない（ユベール『一般教育学概論』（仏文））。ユベールは、自己教育の段階は決して他者によってなされるものではないと言明しているが、教育の責任性とは、自分で自分を教育できるその直前まで、子どもをいざない導くことであろう。

7　古典的教育論と教育の目的

　プラトンは、「洞窟の比喩」によって、人間には生来、誤謬（思いこみ、つまづき、偏見）がつきものであり、それが本性でもあることを描き出した（『国家』）。それゆえに「教育」とは、器官（人間）の向きが正しくなくて見なければならぬ方向（善の方向）を見ていない場合、どうすればいちばんやさしくいちばん効果的にその器官を転向させることができるかを考える「向け変えの技術」にほかならない、と言っている。そして、向け変え次第では、有用・有益なものともなるし、逆に無益・有害なものともなる、と警告している。

　ギリシャ時代には「教育」という語彙はなかったが、人間としての生き方を吟味するときに「パイデイア」paideia（教養）という語彙が用いられた（廣川洋一『ギリシャ人の教育』参照）。パイデイアとは、「優秀さ」、「卓越性」を意味する「アレテー」aretê（すなわち「徳」）をめざすことであった。「馬のアレテ

ー（名馬たる資質）」、「耳のアレテー（並はずれた聴力）」という言い方も当時は流通していたので、「人間のアレテー」というのは「人間ならではの卓越性」ということになる。そこで、人間が達成できる最高の卓越性を、アリストテレスは、「徳」という価値で表現した。アリストテレスの場合は、卓越性としての徳は「習慣づけ」（エトス）によってこそ備わるものであり、はじめから「徳」としてわれわれに備わっているものではないとみていたので、「練習」と「教化」など、習慣づけとしての教育の機能に注目がいった。プラトンの「向け変え」を実践的に言い直した感がある（『ニコマコス倫理学』）。教育次第で、何ものかが「徳」に変貌していくということであろう。

　「人間の永劫的不完全さ」を前提としたうえでの「徳をめざす」という古代ギリシャ人のとらえ方は、ヨーロッパの教育観や教養観の基盤となり、20世紀初期まで一貫して人間形成の理念となり、多くの教育論を生ましめてきた。

　たとえば、17世紀の初頭、子どもたちの頭にむやみやたらに知識をつぎ込もうとしていた学校教育の変革を目ざしたボヘミア出身のコメニウスは、植物と動物と人間はすべて大なる自然に抱かれているという点では皆同類であるのだが、人間には植物や動物にはない独自性が備わっているという（『大教授学』）。その独自性とは、ギリシャの哲人が究明した人間特有の「卓越性」の種（たね）のようなものであるが、コメニウスは、学校教育に焦点を定めつつ、人間が達成できる卓越性とは、①事物・技術・言語を認識する学識能力、②内面・外面ともに自らの行動の均衡を保ち事物と自分自身とを支配できる徳性、③神に帰依する内面的畏敬の心、の3つとし、これら3つの段階を子どもたちに身につけさせるべく、学校教育の制度・カリキュラム・教授法の改革を説いた。現代の私たちは、このうちのせいぜい①の段階で終始しているのではなかろうか。

　さらに、コメニウスは、人間は生来これらの卓越性を胚胎する種を備えているので、教育はあくまでも「大自然の運行の秩序」に従って、穏やかに、確実に、順を追って発芽させるのが理想的であると説いている。教育の実践にあたっては、草木がどのようにして育つか、鳥の雛はどのようにして卵から孵化し巣立っていくのかを、仔細に観察して模範とするように、と説いている。

　このようなコメニウスの万全を期すごとき体系的な教育論は、とくにその「自然の摂理」に従えという教えにおいても価値とエラルキーを添えており、

18世紀半ばのルソーよりも19世紀の新カント派や20世紀初頭のシェーラーの価値論に近いものがある。但し、17世紀のコメニウスの場合は、深い信仰心に裏打ちされており、宗教的な徳性が最奥に位置づけられている。

18世紀のルソーは、コメニウスからキリスト教の信仰を取り除いた近代的「自然」概念を教育の出発点ならびに方法の原理とした。可能な限り自己経験による自然な習得を理想とし、人為や文明の悪影響を排した環境の中でこそ「徳」はおのずから子どもに身についてくると主張する（『エミール』）。ルソーにおいても「徳」が教育の目的ではあるが、それは「練習」や「教化」とは結びつかず、当時の政治体制の抜本的改変を願うがあまり、人為を可能なかぎり排すれば、善なる「自然」に立ち還るという主張となった。ルソーの自然主義は、人民への知の普及のための学校教育制度づくりに腐心していた同時代の啓蒙主義者たち（コンドルセ『公教育の原理』等）の教育論と対照的である。

教育の見方は実に多様である。だが、その多様性は、今日も示唆を与え続けるよりよい人間化のための論理と実践の探求という信念で貫かれている。

8　現代先端科学と人間性の問題：自然と規範を問う

現代フランスの哲学者であるポール・リクールは、フッサールの現象学をはじめ、彼の生きた時代に隆盛をほこった現代思想に通暁していた。リクールは、その思想的潮流にあって、20世紀の先端哲学が昂然と棄却してしまった人間存在の「限界と意味」、歴史や記憶がわれわれにさとす「意義」を探求し、「自己意識」の今日的見直しを敢えてなし続けた哲学者である。リクールは、最晩年の1998年に、『ホモ・ニューロン』（仏文）で知られる脳科学と神経医学の第一人者、ジャン゠ピエール・チャングーと長時間にわたる対談を行った。その冒頭で、チャングーはリクールに向かってこう切り出している。「私は人生を、神経体系、とくに人間の脳の機能の基本的メカニズムの理論的・臨床的研究に捧げてきました。しかるに自分は、さらに高い人間の機能を理解せねばならないという意志を捨ててはおりません。それは、哲学の領域で伝統的に取り上げられてきたことがらであり、思考、情緒、認識、そして道徳性の問題です」（『われわれに考察を促すこと、自然と規則』（仏文））。リクールは、チャング

ーのこの言葉にいたく感動し、二人はそれから哲学史上の命題を縦横無尽に横断しながら、人間にとっての謎ともいうべき、依然として探求の扉が閉ざされてはいない「科学知と叡智」の問題、「身体と精神」の問題、「人間の脳の複雑性と自主性」の問題、「自己認識と他者認識」の問題へと自由自在に話題を深めていった。そして彼らが最終的に到着したテーマは、ダーウィンの人間観や生物史に通暁したうえで、なおかつ解明する必要性に迫られるところの「道徳性の起源と構造」、「人間の欲望と規範との関係性」、「普遍的倫理と多様な文化間の葛藤」の問題であった。

これらの命題は、先端生化学と高度医療技術が進展してやまないこれからの時代においても、私たち人間には依然として課題のまま残されていくことであろう。これらの命題は、いかに高度に科学が進み、いかに実験化が進もうと、封印ができない人間の永遠のテーマであると、この二人の対談は強調している。彼らの提唱は、そのまま教育のテーマでもあるし、教育の目的をとらえようとする考察に対応している。

人間を自在に解剖することができ、損傷した生体の機能をみごとに修復させることができようとも、人間の「意志の自由」の解明はできないし、人間の「道徳性」の発揚も解明はできない。人間の規範意識というものはいかに弱いものか、いかに欲得が人間を支配するか、しかるに、それでもなぜ人間は規範の問題から無関係でいることができず、道徳性を身につけようとする唯一の生物であり続けるのか、この未解決の問題から目をそらすことはできない。人間形成の問題はここに尽きよう。それなしには人間社会が立ちゆかない「規則」la règle や「規範」la norme の内面化と実践への努力が問われ続ける。教育はいかなる時代であろうとも、その責任性を引き受けるべきなのである。

最後に、改めて認識すべきは、人間の形成というものは、学習という行為を解明する科学的メカニズム、子どもたちをとり巻く学校制度や教育内容の時代性や国や地域ごとの差違、あるいは親の経済状況、といった養育上の客観的条件に影響されざるを得ないのであるが、ところが、その決定要因の渦巻のなかに、期せずして発生する「出会い」という現象（ボルノー『実存主義と教育学』参照）が個人を大きく解放し飛躍させる、という教育の原理である。教職の「崇高な使命」（教育基本法）という意味は、この点に深く関わっている。

第2章　教育と人間の成長・発達

河村　茂雄

1　教育への教育心理学からのアプローチ

「教育を実践するにあたって、その目的は教育学に、方法は教育心理学に学べ」とよく言われる。それは、教育に対して教育学が教育的価値の追求に重きを置くのに対して、教育心理学はより人間的基礎に重点を置く科学であるからである。それは教育という行為の事実を客観的にとらえ、その中から法則を発見し理論を構築することを試みようとする。教育という行為を心理学的に解析、理解し、より適切な教育方法を示唆することを目指すのである。

　教育心理学は、教育活動という人間の営みを研究の対象とし、心理学の方法に基づき研究する。教育学の主流の方法論は、教育哲学や教育史の研究方法に代表されるように、思弁的であり文献的方法を採用するのに対して、教育心理学の方法論は、心理学の基本である実証的方法をとる。したがって、教育心理学は教育学ではなく心理学の領域に属し、かつ、人間の生活への心理学の知見の適用を志向するので、「応用心理学」に位置づけられる。

　米国の心理学者ジェームス（W. James）が教育心理学の源流をつくったといわれるが、教育心理学が本格的に成立したのは、ソーンダイク（E. L. Thorndike）が "Educational Psychology"（1903）を出版し、多くの教育的問題に厳密な科学の方法を適用することを試みた20世紀に入ってからである。

　日本では、科学的心理学の始祖といわれるドイツのヴント（W. Wundt）に学

んだ米国のホール（G. S. Hall）から教えを受けた元良勇次郎が、師範学校（後の東京高等師範学校）で「心理学」の科目の授業を行った（1877）のが始まりといわれ、元良の弟子である有賀長雄が、師範学校で『教育適用心理学』（1885）というテキストを用いて授業を行ったことが記録されている。

　戦後、「教育職員免許法」（1949）のなかで教員養成の必修科目として「教育心理学」が位置づけられ、現在に至っているのである（新井邦二郎他『教育心理学』培風館、2009）。

(1)　人間の成長・発達

　教育が人間形成を助成するものならば、人間はどのように成長・発達するのだろうか。人間の成長・発達の理解なしには、教育は成り立たない。心理学では発達心理学領域で、この問題の究明を目指している。

　受精から死に至るまでの人間の心身の変化・変容において、身長が伸びるなどの量的な面を「成長」といい、身長の変化から生じる運動能力の変化（より構造が複雑になり、より多くの高度な機能が果たせる状態になる等）などの機能的な面を「発達」という。発達に関して次のような傾向があることが明らかになってきている。

1）発達に関する一般的にみられる傾向

①分化と統合：心身の機能の発達は、はじめ細かく分かれていき、その後それらにまとまりが生まれる。

②方向性：発達の順序には2つの一定の方向性が認められる。一つは頭部から尾部への方向性であり、もう一つは中心部から周辺部への方向性である。

③順序性：発達にはどんな人間にも共通する一定の順序が認められる。順序の乱れや飛躍がみられる場合には、何らかの発達の異常が疑われることもある。

④臨界期：人間にはその時期だけに有効な発達があり、その時期を逃すと発達が困難となる。絶対音感の獲得などはその代表例であり、この考え方は次項で述べる発達段階、発達課題の素地になっている。

⑤個人差：個人によって発達の速さには差異がある。一定の順序に従ってバランスの取れた発達を示している場合には、多少の遅れは個人差の範囲と

みてよい場合が多い。

⑥成長率の違い：心身の種類によって成長率に違いがある。身体発達においても、主に筋肉や脂肪などの体の組織が形成される充実期、骨が伸びる伸長期が、青年期まで交互に訪れることが知られている。

⑦順応性：発達が遅れても、条件が整えばもとどおりに回復していく。

　以上の一般的な傾向は、教育する側が子どもの現状を理解するうえで、教育プログラムを作成するうえで、基本的な指標となっている。

２）発達段階と発達課題

　発達の一般的な傾向と共に、教える側が何をどのように教育するのかについて、生涯を通して大きな指標となるのが発達段階と発達課題の考え方である。

　人間の発達は連続的・継続的に進行していくものであるが、特定の年齢時期は他の年齢時期とは異なる特徴のまとまりをもっている。これを発達段階という。ピアジェ（J. Piaget）は、子どもが外界との相互作用、養育者とのやり取りを通して、環境に対する認知機能を発達させることを研究し、人間の思考の段階を大きく４段階に分けた発達段階説を提出した。そしてハヴィガースト（R. J. Havighurst）は、人間が健全で幸福な発達を遂げるためには各発達段階で達成しておかなければならない課題があるとし、発達の各時期に解決することが必要であり、うまく解決できると次の段階への移行や適応がうまくいくが、解決されないと移行や適応が困難になる課題があると考え、それを発達課題と呼んだ。発達課題は、〇自己と社会に対する健全な適応にとって必要な学習である、〇一定の時期に学習されることが望ましい（その後も存在し続ける課題もあるが、その意義は弱まっていく）、〇各発達課題は子どもの興味や関心を喚起する、という意義と特徴をもっている。各発達段階での具体的な発達課題は、表2-1のとおりである。

　同様に、エリクソン（E. H. Erikson）も、人間の一生を８段階のライフサイクルに分けて考えた。ライフサイクルの考え方は、次の①〜④の内容である。

①　人間のパーソナリティは、生物学的に規定されたプログラムに従って、あらかじめ決定された各段階にそって発達していく

②　社会とのかかわりの中で心の発達がおこる

③　各段階における心理・社会的危機がある

表2-1　ハヴィガーストの発達課題（1953）

発達段階	発 達 課 題
乳・幼児期	●歩行の学習　　　　　　　　　　　●固形食を取る学習 ●話すことの学習　　　　　　　　　●排泄の学習 ●性差と性的つつしみの学習　　　　●生理的安定の達成 ●社会的・物理的現実についての単純な概念の形成 ●両親・きょうだいの人間関係の学習 ●善悪の区別・良心の学習
児童期	●日常の遊びに必要な身体的技能の学習 ●生活体としての自己に対する健康な態度の形成 ●遊び仲間とうまくつき合うことの学習 ●男子あるいは女子としての適切な社会的役割の学習 ●読み・書き・計算の基礎的能力の発達 ●日常生活に必要な概念の発達 ●良心・道徳性・価値観の発達 ●個人的独立の達成 ●社会集団や制度に対する態度の発達
青年期	●両性の友人との新しい、成熟した人間関係をもつこと ●男性または女性としての社会的役割の達成 ●自分の身体的変化を受け入れ、身体を有効に使うこと ●両親や他のおとなからの情緒的独立の達成 ●経済的独立のめやすを立てる ●職業の選択とそれへの準備 ●結婚と家庭生活への準備 ●市民として必要な知的技能と概念の発達 ●社会人としての責任ある行動をとること ●行動を導く価値観や倫理体系の形成
壮年期	●配偶者の選択　　　　　　　　　　●配偶者との生活の学習 ●第一子を家族に加えること　　　　●子育て ●家庭管理　　　　　　　　　　　　●職業につくこと ●市民的責任を負うこと　　　　　　●適した社会集団の選択
中年期	●市民的・社会的責任の達成 ●経済力の確保と維持 ●十代の子どもの精神的な成長の援助 ●余暇を充実させること ●配偶者と人間として結びつくこと ●中年の生理的変化の受け入れと対応 ●年老いた両親への適応
老年期	●肉体的な力、健康の衰退への適応 ●引退と収入の減少への対応 ●同年代の人と明るい親密な関係を結ぶこと ●社会的・市民的義務の引き受け ●肉体的に満足な生活を送るための準備

出典：R. J. Havighurst, Human Deverlopment and Education, 1953.（荘司雅子監訳「人間の発達課題と教育」牧書店 1958）

表2-2　エリクソンによる個体発達分化に関する図式

段　　階	A 心 理 性 的 段 階 と 様 相	B 心 理 社 会 的 危　　機	C 重 要 な 関 係 の　　範　　囲
①　乳　幼　児	口唇—呼吸器的 感覚—筋肉運動的 （取り入れモード）	基本的信頼感 と 基本的不信感	母　性
②　幼 児 前 期	肛門—尿道的、 筋肉的 （把持—排泄的）	自律性 と 恥、疑惑	親
③　幼 児 後 期	幼児—性器的、 移動的 （侵入—包含的）	自立性 と 罪悪感	基本家族
④　学　齢　期	"潜状期"	勤勉性 と 劣等性	"近隣"、学校
⑤　青　年　期	思春期	同一性 と 同一性混乱	仲間集団と外集団 リーダーシップの モデル
⑥　成 人 初 期	性器期	親密 と 孤独	友人、性、競争、 協同のパートナー
⑦　成　人　期		生殖性 と 停滞	分業と家事の共同
⑧　円　熟　期		統合 と 絶望	"人類" "わが一族"

出典：E. H. Erikson, Childhood and society, 1950. New York: W. W.Norton.（仁科弥生訳『幼児と社会』1・2．みすず書房 1977, 1980)

④　個人と家族の発達的危機は相互に関連しあっている

「危機」というのは「危険」という意味ではなく、解決すべき中心的な課題を意味する。「危機」には発達に肯定的で前向きなものと、退行的で病理的なものとが対となる、力動的状況（発達的危機）におかれるのである。肯定的なものが退行的なものを上回る形で獲得されることが望ましいのである。エリクソンは、子どもが各段階において必要とする人々との関係を通して、それぞれの時期の課題を解決することによって、次第に統合した人格を形成していくと考えたのである。8段階のライフサイクルの具体的な内容は、表2-2のとおりである。

青年期までの概略を説明すると、①乳児期は0〜1歳頃で、養育者の温かな養護を受ける中で、安心して生きることが許されている自分やそれを許してくれる大人を実感できるかが大事である。②幼児前期は1〜3歳頃で、自分の足で立ち歩き始める時期で、何でも自分でやりたい子どもとしつけを行う養育者の綱引きの中で、適度なバランスがあることが重要である。③幼児後期は4〜6歳頃で、活気に満ち遊びを通して成長していくと同時に養育者のしつけを内面化していく時期であり、両者の適度なバランスが大事である。④学齢期は7〜12歳頃で、大人になることを学ぶ時期であり、忍耐強く勉強や活動を行い、それを完成させる喜び、有能さを獲得できるかが重要である。⑤青年期は13〜22歳頃で、社会の中で自己を自分なりに位置づけることができるかが大事である。

　以上のような発達段階と発達課題の考え方は、人間の発達を促進するという視点で教育を捉えたとき、教育に求められるものとして、子どもの知識や技能の習得だけではなく、個人の人格の形成、国民・市民としての育成の必要性をも提起している。

　3）レディネス

　発達段階と発達課題の考え方の背景には、人間は何歳になると、ある訓練や学習が可能になるのか、適切な状態になるのか、の検討が求められる。特定の学習が可能になる内的な状態が整うことをレディネス（準備性）という。20世紀前半のアメリカでは、具体的な学習内容に即して、何歳になるとレディネスが整うかの研究が多数行われた。

　この問題に大きな影響を与えたゲゼル（A. Gesell）は、一卵性双生児を対象に実験し、訓練の効果よりも成熟（親から受け継いだ遺伝情報が時間経過と共に生物学的に発現してくるプロセス）の効果の方が大きいことを示し、成熟を待ってから教育すべきだと主張した。レディネスは注意しなければならない教育の前提条件とされ、カリキュラムの編成を考える上でも大きな影響を与えている。

　それに対し、ブルーナー（J. S. Bruner）はレディネス重視の教育観に反論し、子どもがもっている理解の枠組みに合う教授法さえ適切にすれば、学習は可能であり発達は促進できると主張した。そして、同じ内容を各段階に合わせて繰り返し学ばせ、ラセン型にレベルを上げていくラセン型カリキュラムを主張し

た。この主張は、1960年代アメリカの教育内容の現代化運動に影響を与えた。

　同様に、旧ソビエトのヴィゴツキー（L. S.Vygotsky）も、子どもに与える課題を、子どもの発達の最近接領域（①自力で解決できる水準と、②大人や他人の助けを借りて解決可能となる水準の間）に、教える側が適切に働きかけることによって、②も自主的にできるようになり、教育が発達を作り出すという考え方を提起している。

　レディネスに関する相反する考え方、発達段階と発達課題の概念は、人間の成長・発達を考える上で、そして教育のあり方を考える上で、より根本的な問題を提起しているのである。

(2)　教育の2つの方向性に対する心理学の考え方

　人間の成長を願い支える教育には、2つの方向性がある。一つは、「もともと人間に内在しているものを外に引き出す」という考え方と、「人間的に社会的に望ましい方向に導く」という考え方である。この問題に対して、心理学では次のようなテーマで研究されてきた。

1）遺伝と環境

　人間の発達に影響を与える二大要因として、遺伝と環境が注目されてきた。

　遺伝的要因は「成熟」という要因で発達的変化をもたらす。成熟とは自己のもつ遺伝情報、内部環境に基づいてさまざまな形質が発現するプロセスである。遺伝説は、遺伝を重視する心理学者によって、家系調査法、双生児法、動物実験によって支持されてきた。遺伝説は必然的に成熟重視説につながっていく。

　環境的要因は「学習」という様式で発達的変化をもたらす。学習とは経験によって引き起こされる比較的長く続く行動の変容である。何らかの「訓練」や「経験」をすることで、何かを獲得すると考えるものである。行動主義心理学者のワトソン（J. B. Watson）は、習慣（刺激と反応の結合）こそが発達と考えた。野生児研究（インドの狼に育てられた子ども、フランスのアヴェロンの野生児等）は、人間の行動を学習する機会のなかった環境に育った子どもの事例から、環境的要因の大きさを示している。環境説は必然的に学習優位説につながっていく。

　だが、今日では実際の発達には遺伝のみ、あるいは環境のみの影響はありえ

ないというのが定説である。シュテルン（W. Stern）は、遺伝説や環境説の折衷説として、遺伝と環境が輻輳（いろいろなものが一か所に集まること）するという考え方の輻輳説を提唱した。また、遺伝と環境は単に加算的に働くのではなく、両者は複雑な相互作用をしているという説も提出され、これは相互作用説と呼ばれる。しかし、遺伝と環境が実際にどのように相互作用して影響を及ぼすのかについての中身の詳細は、現在でも未解明である。

　子どもの学習の促進を目指す学校教育では、「学習」についての考え方に次の2つの方向性がある。

2）問題解決学習と系統学習

　問題解決学習は、学習者が自ら学習する問題をとらえ、解決のための思考を行いながら、問題を追求し解明していく主体的な学習方法である。問題は学習者である子どもの経験に大きく依存することになる。この考え方は教育学者のデューイの影響を強く受けている。

　系統学習は、各学問の論理的系統性から定まる教科内容を教師が子どもに順次習得させていく、教師主導の学習方法である。各教科における「基礎・基本」重視という発想も系統学習に由来するものである。この考え方は教育学者のヘルバルトの影響を強く受けている。

　以上の2つの学習の考え方は、学習者の学習意欲の捉え方にもそれぞれ一定の見解をもっている。

3）学習意欲

　学習意欲を心理学では、学習において学習行動の原因が「動機」で、その行動に向かう心理的状態、あるいは、その状態に仕向ける働きかけを「動機づけ」といい、次の3つに分類して考えている。

　一つは「内発的動機づけ」で、学習それ自体が目標になっており、学習者が学習に自発的に取り組むことになる。学習それ自体が面白いなどの状態である。もう一つは「外発的動機づけ」で、学習がある目標を得るための手段となり、しかも他者が学習行動を始発させるのである。教師から注意されないために仕方なく学習に取り組む、できると褒美がもらえる・入試に合格できるから学習するという状態である。教師が問題解決学習を志向する場合には、子どもの「内発的動機づけ」を大事にし、系統学習を志向する場合には「外発的動機づ

け」を多用する傾向がみられるだろう。

　教師の不適切な「外発的動機づけ」の多用は、子どもの「内発的動機づけ」を低下させることが明らかになっている。ただ、一定の期間に一定の学習活動の推進を定められている日本の学校現場では、子どもの「内発的動機づけ」を時間的に待っていられない現状がある。そのような場合、当初の子どもの学習が、教師からの「外発的動機づけ」であったとしても、学習に取り組んでいるうちに面白くなってきて「内発的動機づけ」に変わる場合も少なくない。そのような授業展開ができる教師を、指導力の高い教師と言うことができるだろう。

　最後に、学習者の心的エネルギーがない場合を「無気力」という。「内発的動機づけ」も「外発的動機づけ」も、学習者がやろうと思えば学習ができる状態であるが、無気力は何かしたいという気持ちがわいてこない状態といえる。

2　今日の学校現場の子どもの発達上の問題

　子どもの成長・発達の促進を目的にする学校教育も、21世紀の現代日本社会において、さまざまな問題が生じている。現在、16万人前後の児童生徒が不登校になっている実態、近年増加している校内暴力の問題、児童生徒の学力低下の問題など、学校現場は一種の閉塞感に包まれている。本節では他の章が扱わない具体的な問題について、心理学の視点から問題の背景を解説する。

(1)　小1プロブレム、中1ギャップの問題

　不登校問題の中で、小1プロブレム、中1ギャップの問題が注目されている。直接的な要因としては、幼稚園−小学校、小学校−中学校と、学校生活や活動の上での大きな変化が、子どもたちの適応に強い影響を与えているのである。しかし、幼稚園−小学校の連携、小学校−中学校連携の問題の背景には、子どもたちの発達にかかわる問題がある。

1）幼稚園−小学校の連携

　この問題で子どもの発達面で注目したいのが、拡散的思考と集中的思考である。拡散的思考とは、一つの条件をもとにいろいろなイメージを広げる思考をするものである。創造性や応用力などの基礎になるものである。集中的思考と

は、多くの条件の中から一つの答え・アイディアを導き出す思考である。

　子どもは、3歳くらいからイメージを盛んに活用した「ごっこ遊び」が活発に行われるようになり、頭の中のイメージが「〜のつもり」となって、それを自分の力で実現することに大きな喜びを感じるようになる。こうした行動が、危険や周囲の迷惑にならない範囲で自由に行われるのであれば、自分の心に決めたことを実行する自主性が育ってくる。逆に、常に大人のイメージのもとで行動することを余儀なくされると自主性が育たないばかりか、必要以上の罪悪感がつくられてしまう（新井邦二郎『学習と発達の心理学』福村出版、2000）。

　この時期の拡散的思考の育成、心から楽しく遊ぶ「生きる喜びや楽しさの原体験」の獲得は、発達上重要な意味をもってくる。幼稚園の時代から小学校低学年の時期が、ちょうどこの時期にあたるのである。

　幼稚園−小学校の連携を考えたとき、幼稚園で拡散的思考の体験がたくさんできていたものが、小学校に入って急に集中的思考が求められる活動が多くなる。そこにもギャップが生じる面があり、問題はその時期の適応問題だけではなく、生涯にわたる発達の視点からの対応が必要になってくるのである。

　2）小学校−中学校の連携

　この問題で注目したいのは、「ギャング・エイジ」の喪失が思春期をむかえたときに及ぼす影響である。児童期は心身ともに安定した時期である。10歳前後から親への心理的依存はそのままであるが、親子関係は徐々に離脱傾向を示し、友人との関係を大事にするようになる。遊びでも友人の間で秘密を共有し、強い我々意識を持って行動する。それがときに反社会的な行動となって表れることから「ギャング・エイジ」と呼ばれてきたのである。その「ギャング・エイジ」の傾向が、近年の子どもたちにあまり見られなくなったということが、教師たちから報告されることが多くなった。

　思春期は、第二次性徴が現れる身体的変化、自分や家族を客観的・論理的にみることができるようになる心理的変化という、心身両面の急激な変化にさらされ、不安定な時期である。子どもはこの変化から生じる悩みや葛藤に対して、自分を特殊視し、一人悩むことが多くなる。特に、この時期は自我のめざめから、親や教師という権威に反抗する（第二反抗期と呼ばれる）ことを通して自分を見つめ、価値観や生き方を確立していく過程をとるので、大人に相談する

ことも少なくなる。このような中で、友達との交流の中で秘密や悩みを共有し
あうことにより、それらの葛藤や悩みをもちつつ生きていくことを自己受容で
きるようになってくるのである。

　思春期の子どもには友達との交流がとても重要であり、「ギャング・エイ
ジ」での体験が、友達関係を形成するソーシャル・スキルの基礎になる。「ギ
ャング・エイジ」の十分な体験をしていない子どもは、友達関係をうまく形成
することができず、思春期の悩みや葛藤を自己受容できず、外の世界・社会に
開かれた柔軟な自我形成ができづらくなるのである。それが中学校時代では学
校不適応という形で現れるが、その影響は成人後の社会参加の段階にも及ぶの
である。

　連携というと、常に上位の教育体制のもとで学習がうまく成立するように、
下位の教育体制の中でそのためのレディネスをどう高めていくか、という考え
に偏りがちになる。子どもの発達を考えたとき、その時期の発達に必要なもの
を2つの教育機関がどう連携して保障していくのかという視点が、より重要に
なっていくと考えられる。

(2) 「キレる」子どもの問題

　校内暴力の問題は、文部科学省の報告では小学校でも増加傾向にある。その
中でも、友人や教師に対して、いわゆる「キレる」という形で暴力行為に及ぶ
児童生徒の問題が注目されている。学級生活の中で、対人関係をうまく形成で
きない、維持できない、過度に不安や緊張が高くなってしまう、またストレス
を適切に処理できない、などの傾向が子どもたちにみられ、それらの傾向が、
対人関係を避けること、逆に攻撃的になってしまう、などの行動や態度として
表面化していると考えられる。結局、現代の子どもたちが一か所に集まり、一
定の時間、継続的に生活や活動をともにする場が学校であり学級であるので、
その学校や学級内で問題行動が表面化しているとも考えられる。同様の条件の
場があれば、そこでも同じような問題が表出することだろう。

　いわゆる「キレる」というのは、衝動的な攻撃行動である。他者に危害をも
たらす行動を行いやすい傾向を攻撃性という。バンデューラ（A. Bandura）は、
モデルの行動を模倣することによって攻撃行動が獲得されるとしている。モデ

ルとは家族などの周囲の大人の行動、テレビ番組などで暴力的な場面をよく見た子どもほど、高い攻撃性を示すという指摘である。これは観察によって学習者の学習が成立するという、社会的学習理論に基づいての解釈である。この説に基づいた対応として、暴力シーンなどが多いテレビ番組を有害番組指定にするなどの動きや、そういう番組を子どもに見せないという取り組みが見られる。

　ミラー（G. A. Miller）らはこの傾向について、「欲求不満－攻撃仮説」を提唱している。攻撃行動を引き起こすきっかけは欲求不満であり、攻撃行動でその欲求不満が解消するとその攻撃行動が学習されやすくなるというものである。この説に基づいた対応として、欲求不満に耐える力を欲求不満耐性というが、まずこれを育てる教育が求められる。それには発達に応じた適度な欲求不満を経験させることと、合理的解決のために何が必要かを考えそのための対処行動を教えていくことが求められる。そのためのソーシャル・スキル・トレーニングなどのプログラムが開発されている。

(3)　学力低下の問題

　2000 年頃から大学生の学力低下批判がマスメディアを中心に巻き起こり、2004 年に国際学力テストである OECD「生徒の学習到達度調査」（PISA2003）が公表され、日本は読解力において世界 8 位から 14 位に低下したことから、子どもたちの学力低下の問題は社会問題となった。その中で学習放棄している子どもたちが一定数いることに注目したい。

　学習放棄している子どもたちにみられるのは、学習性無力感である。セリグマン（M. E. P. Seligman）とマイアー（S. Maier）はイヌの実験を通して、避けられない苦痛刺激を連続して受け、自分では対処できない・自分が無力であることを学習してしまうと、その後、自発的な行動に対する動機づけが低下するという学習性無力感の考え方を提起し、無気力状態が学習されることを指摘した。

　最初に失敗体験を繰り返し経験すると、自分の行動と望ましい結果との間に関連性が見出せず、自分の行動によって良い結果が得られるという期待をもつことができず、その思いは将来の同様の事態まで一般化されてしまい、将来の学習も妨害されてしまうのである。学校での子どもの能力の評価が過剰に行われると、実際の子どもの能力の差以上に、自分の能力への主観的な認知から、

より自己評価の低い劣等感をもつ子ども、逆に優越感をもつ子どもを生み出す可能性があるのである。

　(1)〜(3)の問題は、現代の日本の社会の現状が反映されている。少子化・核家族化のすすんだ家庭や、都市化が進み共同体が衰退した地域社会の中で、現代の子どもたちの対人関係や社会参加の体験学習の不足が考えられる。これらの実態を考えたとき、これらの面からの、これからの学校教育の教育内容や教育方法のあり方の検討は、不可避なものになってくるだろう。

第3章　社会の変動と教育

菊地　栄治

　日本社会は重大な岐路にさしかかっている。わが国が積み残してきた課題が一気に噴出してきている。では、私たちはどのような課題を積み残してきたのか。社会はどう変わっていき、教育はどのように再構築されるべきであるのか。変わったことと変わらなかったことを整理しながら、教育を見つめ直す社会学的視点を提示してみたい。

1　3つの歴史的転換点

　わが国の社会と教育の歴史的変化を捉え直すとき、3つのクリティカルな転換点が浮かび上がってくる。

　第一の転換期は、明治という近代国家黎明期である。3つの転換期はいずれも近代以降の出来事である。わずか150年足らずの間に近代なるもの（modernity）が人類史上に産み落とした影は濃く複雑である。よく知られているように、近代は正も負も含めて人類史上まれにみる大きな変動を私たちに突きつけてきた。しかも、課題は地球的規模で課されてきた。ミヒャエル・エンデが『モモ』というファンタジーの中で見事に描き出しているように、私たちは「灰色の男」（時間泥棒）にそそのかされることで、時間を節約し先取りし、それを数量化可能で均質な貨幣へと変換し蓄積するところとなった。資本主義的生産様式を支える社会的習慣はいち早く西洋で起こっていた。日本の近代は遅れてきた近代であり、欧米列強に追いつこうという運動にほかならなかった。

未来を先取りして現在を収奪する生産と思考と行動の様式が世界を席巻する歴史的エポック以降、この文明史上に残る根本変化に多くの国々が服従を強いられていったのである。

　国内問題が、近代国家の成立とともに、日本を取り巻く世界との関係の中で問われるようになった。欧米列強に対抗すべく、明治政府は近代教育システムの整備に力を入れるところとなった。立身出世主義と人格陶冶を実現するための手段として就学を国家が促し、必要に応じて不就学者には社会的・心理的な制裁が施されるにいたる。近代教育は、自生的・内発的な民衆教育とはなじまない面もあったが、近世までに寺子屋等で培われた高水準のリテラシーに利されつつ、教育の大衆化を漸次達成していった。この時期、社会は国家とほとんど同義のものとして捉えられ、一元的社会観が人々に浸透していった。教育という制度は、国家＝社会という認識をベースにしながら、就学率を上昇させる一方で、教育という営みを通じて一元的な社会観を民衆に浸透させていったのである。

　義務教育の整備は言うに及ばず、帝国大学をはじめ「エリート教育＝高等教育」を制度として確立し、両者の間を埋める中等教育を複線的に組織することによって、まさに、教育は、選抜＝配分（selection-allocation）と社会化（socialization）の機能を同時遂行していくことになった。ここに、２つの過程が進行していった。ひとつには、大衆の教育アスピレーションをたきつけ、「就学＝学習」という学校化された価値観を内面化させることに成功していく。もう一方では、試験制度をはじめ各種の選抜システムを合理的に整備・拡充していくことによって、教育達成に応じた社会的報酬という意味での能力主義イデオロギーをまさに正統で支配的な価値観（hegemony）として（気づかれない形で）教育自体に内包させていくことになる。

　教育に近代を取り込むことは、教育様式の変革をも意味していた。現在の学校教育のフォーマルな日常行為の大部分が早くもこの時期に完成する。教師が黒板を背にして児童・生徒に教授すること。四角の教室に四角の机・椅子を効率よく配置し、できるだけ多くの教育ニーズを一斉に満たしていくこと。教科書という国家が正統化した教育内容だけを国民が学ぶに値する公式の学習内容として認識させること。道徳的な価値もまた国家による教育として定義され得

ると信じさせること。教室の中で忍耐強く過ごすこと自体に価値があると認識させること。授業時間や就学日数・年数に応じて単位や卒業証書が与えられること。自明視された世界がまさに隠れた<ruby>カリキュラム<rt>ヒドゥン・カリキュラム</rt></ruby>として存在し機能してきたのである。

　これらの営みを含めて、E．デュルケムは、「若き世代のための組織的・方法的社会化」として教育を定義したのであるが、そこにはふたつの暗黙の前提があった。「社会＝国家」という前提と「教育＝秩序形成の手段」という前提である。これらが当然視されたこと自体が問われるべきテーマではあるが、次の転換期においてもこの前提は覆されなかった。

　第二の転換は、第二次世界大戦（太平洋戦争）敗戦後の教育改革の変化の中に見られる。軍国主義とナショナリズムに国民を巻き込み、多くの戦禍をもたらし、大勢の人々を犠牲にしてしまった戦争という悲劇……。改革が連合国占領軍総司令部が主導したものであることは確かではあるが、戦前の日本国家の痛切なる反省としてさまざまな民主主義改革が行われていったことは否定できない事実である。

　複線型の教育体系から単線型の教育体系への変更、とりわけ中等教育の再編はきわめて重要な意味を持っていた。新制中学校が義務教育として整備され、高校は旧制中学校・高等女学校・実業学校という三分岐システムから「高等普通教育及び専門教育」の点で機能的等価性をもつ新制高校へと根本的な変容を遂げた。（一部原則は当初から謳われたものではないにせよ）「小学区制・総合制・男女共学」を高校三原則としてイメージし、私たちの目指すべき方向性が提起されたりもした。教科選択制の推進や実質的な学習機会の保障を目指した教科目の弾力化なども試みられた。最も重要な改革は、教育委員会制度の整備である。国家が末端の教育行政組織まで組織的に統制し、異論を排除するシステムを維持させるのではなく、独立性と専門性を持つ行政委員会として教育委員会が創設されたのである。教育委員会には当初、予算提案権まで付与されたり、あるいは一定の調査機能を持ち教育政策を反省的につくりかえていくためのルートも構築されようとした。とりわけ公選制を採ったことは、運用上の限界は多々あるにしても、民意を吸い上げ公共性を持たせる制度として期待されていた点は時代を画する改革であった。ガバナンスの仕組みとして、戦前のシ

ステムとは大きく異なる制度的な構造が創られたのである。

　しかしながら、これらの改革はやがて「逆コース」と批判される方向で変質させられていく。一部は戦前への回帰としてみなされ、実際に政治的な対立の発火点とさえなったのである。1950年代半ば以降、地方教育行政法の施行や道徳の時間の設定などいわゆる保守化した能力主義的教育政策が次々に打たれていった。とくに、学力テストや勤務評定をめぐって「当局」と教職員組合を中心とする学校現場の間で葛藤や矛盾が生じていった。大人たち（とくに男性）は会社へと引きこもり飼い馴らされていく。企業別組合という労組の特徴もあいまって、階級闘争が前面に出ることはなく、むしろ政治的イデオロギーの葛藤や利害対立が深まっていく。しかも、労働組合の運動は、専門職としての地位上昇もかかわって、大衆社会に根ざし浸透することがなかった。このことから、教育はつねに社会の道具とされて構成されているという性質が受け継がれ強化されていった。

　いずれにしても、この時期、高度経済成長という大目標に向けて、ますます多くの国民が教育に参加していくことになる。右肩上がりの経済成長を背景に、各地に国からの事業が舞い降り、社会保障の代わりに道路などの建設補助事業を走らせることによって人々の雇用を成り立たせていった。さらに、戦前から引き継がれた家族をベースにした社会福祉システムによって、日本社会の秩序は維持されてきたといってよい。

　第三の転換期として考えられるのは、こうした右肩上がりの経済成長を前提にした社会秩序などが大幅に崩れる時期である。この時期の特徴は、第一および第二の転換点での方向性を問い直さざるを得ない状況を迎えているという点である。

2　第三の転換期へ

　第三の転換期は、1990年代以降の時期であり、現在もその連続性のもとに課題が山積している。まず、官庁統計などですでに明らかになっている事実にもとづいて（詳細は公刊されている関連データを参照のこと）、90年代以降の日本社会がどのような変化を経験してきたかを概観してみる。

近代以降、わが国は社会の発展の手段として教育を捉えることによって、国民生活に物質的な豊かさをもたらしてきた。明治期の離陸期に例外はあったが、時代を下るにつれて奇跡的な勢いで教育が拡大してきた。近代科学の点において、国民全般の知的水準の向上がなされたことは確かである。教育の普及以外にも大きな進展があった。とくに戦後においては、摂取カロリーが大幅に増加し、栄養状態も戦前や終戦直後とは比べものにならないほどに改善された。それとともに、子どもたちの体位はめざましく向上していった。飽食の時代とも言われる社会の中で、平均寿命は世界一、二の地位を維持している。比較的医療費をかけないでこの状態を保ち続けているという点は驚くべきことでもある。この点は、食習慣を中心とする生活様式の伝統が一定の貢献をしているといってよい。

　肯定的な変化ばかりではない。むしろ近代は、根深く否定的な現象を引き起こしてきた。その点について、第2期から積み残された課題と第3期にはじめて立ち現れた課題とを峻別して整理してみる。

　前者にかかわる変化として、明治期以降の日本の近代化の中で課題として認識されながらも依然として解決できないまま今日にいたっている課題を挙げることができる。

　積み残された課題の第一は、栄養過多や食の乱れ、過剰なダイエットとエネルギー摂取、さらには経済階層による食育環境の格差という現象がある。飽食の時代とはいっても、実態はわが国の第一次産業の弱体化と表裏をなしている。穀物ベースの食料自給率は大幅に低下し4割程度にとどまる。水産資源の自給率も1970年代に大幅に低下し7割程度にとどまっている。限られた食糧資源と自然環境保護の観点から、食糧問題がますます深刻化することは間違いない。第二の課題は、親の帰宅時間が年々遅くなるなど、大人社会の労働のあり方の問題である。過労死などもしかりであるが、労働中心主義が生き方のバランスを著しく乱している。第三に、家族構成や家族の定義そのものの大きな変化がみられる。とくに女性を中心に晩婚化や未婚化が浸透していった。加えて、結婚しても子どもができることを望まない夫婦が増加している。出生率の低下も当然の現象として帰結される。第四に、国際水準と比べてボランティア活動の不活発さや労働組合の組織率の低さがある。後者については、さらに組織率は

低下しつつある。団体交渉権など日本国憲法で保障されている権利さえもぞんざいに扱われている。また、高貴なる義務（ノブレス・オブリージ）としての寄付行為も日本ではまだまだ一般的ではない。第五に、私的教育費負担の増加がある。高校教育の無償化がようやく始まったが、依然として公教育に振り向けられる社会的資源は乏しい。第六に、子育ての公的支援が置き去りにされてきたことがある。私的教育費の増大ともあいまって、子育て環境が圧倒的に劣化しているという事実は、子どもを産み育てようという若い世代の気持ちを萎えさせるものである。第七に、家族の環境劣化と地域とのつきあいの後退に歯止めがかからないという状況がある。旧来の家族制度の抑圧性、あるいはDV（家庭内暴力）に表れる男性支配のありようは、家族や恋愛への一方的な幻想にも由来しているものであって、個人的な問題としてのみ片づけられるものでない。

　以上のように、積み残された現象としてあるのは、生活のバランスの乱れと偏った労働中心主義、公共なるものへの参画の不足、家族への執着と解体、バランスを欠き持続可能でない社会の追求……という点である。これらの課題は、豊かな社会を標榜しつつそれらの解を見いだせず方向性を見失っているわが国自身が生み出した課題であるともいえる。

　もうひとつは、第三の転換期にとりわけ深刻な課題として表出している現象である。第一に、本質的には積み残された課題でもあるが、世界経済の中に占める日本の地位低下がある。債務は大きく膨らみ税収が減り、国債依存体質から抜け出ることができない。若い世代に経済的困難さのツケをまわすという構造的な矛盾から抜け出られていない。世代間の支え合いという仕組みがいま根底から揺らぎ始めている。第二に、経済の構造変動と呼応するように、労働の非正規化と分断が生じてきた。とくに、若年層において雇用機会が減少するとともに、経済格差と雇用機会格差が拡大してきている。そんな中でじわりと不平等感も増殖し始めている。第三に、外国人の受け入れが国際社会と比べると著しく少ない中で受け入れ推進がなされるようになり、この10余年で大幅な増加を示してきた。実際には、雇用調整弁とされることも事実であり、私たちの社会を構成する市民としてどのように受け入れ、制度整備をしていくかが問われる。第四に、うつ病の増加と自殺率の上昇がきわめて深刻な状態にある。

とくに自殺は、雇用環境が悪化した1998年以降12年連続で3万人を数えている。自殺率の点で世界トップクラスというきわめて残念な結果を示しているのである。第五に、デジタル・ディバイドといわれるICTをめぐる環境適応の格差が拡大している。効率重視の社会にとってICTの活用は欠かせないが、とくにICTにかかわる知識・技術を習得しないまま労働市場に放り出される若年層の状況は厳しい。

　これらの構造変化の特徴は、世代間のみならず、地域や家族のつながりがさらに切り刻まれようとしているという事実である。しかも、それを個人の責任の名の下に正統化される危険性がある。

3　全国調査からのメッセージ

　社会変動の中で、私たちの経験と意識はどのような変化を記録してきたのか。2006年と2009年に実施した成人調査のデータから読み取れる主な知見を要約してみる。

　まず、中学校時代の経験はかなり大きく異なってきていることがわかる。さまざまな体験の中で、自然体験においては、擬似的に自然環境に適応する経験

図3-1　自然・社会体験の変化（年齢別）

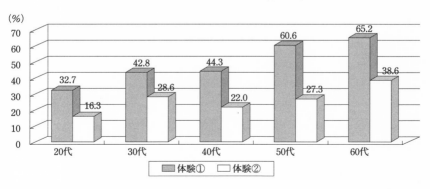

注）体験①：（中学校までの子ども時代に）「夜空いっぱいに輝く星をゆっくり見たこと」が「何度もある」
　　と回答した％。
　　体験②：「身近な人の悲しい出来事に涙を流したこと」が「何度もある」と回答した％。
※図3-1〜3-3は、公共圏研究会の全国成人調査による（N=1170,2006年3月実施）。

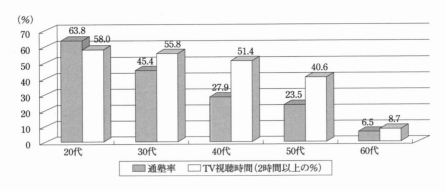

図3-2 通塾率とTV視聴時間の変化（年齢別）

は意図的になされているが、「自然」と向き合って自らを位置づけていく「深い」経験は年々貧弱になっていく（図3-1）。直線的な時間感覚を受け入れ、時間を所有したり消費したりする近代の主体として育成される素地が徹底されていく。社会体験も「教育的望ましさ」をめざして企てられているという特徴がある。外国人との交流やボランティア体験の教育プログラム等はかつてより充実してきたが、自他の「痛み」「弱さ」「できなさ」を基点にしてつながっていく機会は取り除かれていく。いわば「無痛文明病」（森岡正博）の蔓延である。逆に増えてきたのは、塾通いとTV視聴の時間である（図3-2）。世界的にもこれほどまでに「子どもの時間」と「自然と向き合う時間」を奪っている国は見あたらないのではないか。とくに、東アジアの国々は、この傾向が強くなりがちである。これほどまでの塾通いの普及が、教育投資としても技術的機能性からみても、合理的で適正な実態と言えるかどうか定かではない。しかし、新自由主義の教育改革が推進されるのにともなって、教育の過剰が当然視され、かつ、従来は私的セクターで行われてきたものが公的セクターでも担われるに至り、全面展開される。TV視聴もそうであるが、まさに「答え」のある問いに自分を合わせていく営みが大人社会の論理に従ってどんどん拡大しているのである。「役立つ」という近代のロジックのもとに……。

　さらに、その中で、子ども時代の時間の流れが大幅に加速している。第二の転換期の時代の子ども時代の流れと第三の転換期の時代のそれとは大きく異な

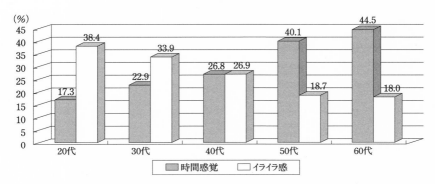

図3-3 「子ども時代」の変化（年齢別）

注）時間感覚：「時間がゆっくりと流れていた」に「とてもあてはまる」と回答した％。
　　イライラ感：「なんとなくイライラすることが多かった」に「とてもあてはまる」と回答した％。

っているのである。もちろん、それぞれの時代に子どもたちはそれぞれの仕方で適応している。しかし、「イライラ感」にみられるように、最近の子どもたちは、とりわけ身体的にも無理を強いられているといえる（図3-3）。

また、「後期子ども」といわれる年齢層（15歳～30歳）の時代変化を検証したところ、第三の転換期の若年層の特徴が浮き彫りになった（表3-1：後期子どもの後半の年齢層のみ掲載）。とくに顕著なのは、将来に対する不安、がんばることが報われる可能性の低下、経済格差縮小の限界……といった点である。つまり、充満する教育的なまなざしの中で、社会のありように希望を見出しにくい困難な時代状況があり、それが当事者によって早々に読み取られているの

表3-1 「後期子ども」時代後半の経験（年齢別）

	20代	30代	40代	50代	60代
①日本の未来に希望を持っていた	8.8	22.4	33.5	45.9	55.2
②努力すれば必ず報われると思っていた	42.1	50.4	61.0	69.9	80.3
③経済格差は縮小すると思っていた	10.5	17.2	30.7	34.1	47.4

注）「とてもあてはまる」＋「ややあてはまる」の合計％。「23～30歳」の時期の意識
　　を回顧的に尋ねた結果である。
　　※エンパワメント研究会が2009年3月に実施した全国成人調査の結果による（N＝
　　1006）。「第61回日本教育社会学会大会報告資料」表10より抜粋。

である。

　私たちに必要なのは、これらの変化を受け止めながら教育をデザインしていくことである。果たして、実際の第三の転換期の教育改革はどのような方向に動いていったのだろうか。具体的な改革を概観してみる。

4　第三期の教育改革：新自由主義を問い直す

　第三の転換期に私たちの国家により選択され、社会全体の改革のムードとして打ち出されてきたのがいわゆる新自由主義の教育改革である。その特徴はいくつかある。

　第一に、市場原理を基調としているという点である。教育を「付加価値を与えるサービス（商品）」とみなし、消費者ができるだけ自由に選択を行い、選ばれる学校等こそが生き残っていく価値のあるものとみなす。競争の結果、新たなる価値が生み出され、余剰の価値によってセーフティ・ネットを張っていくのである（大半は都市の病の弥縫策であるが……）。「競争は制約のない公正な競争である」という保証のない前提に立っている。と同時に、格差の構造的な性質を見えにくくする機能ももっている。たとえば、学校選択制などは典型的な改革例である。一定の条件ではなるほど学校の活性化は達成されるかもしれない。しかし、競争の結果が固定化されることでかえって教育の質が確保されなくなる危険性があり、何より格差構造を見えにくくすることになる。現実を覆い隠すために、複線化構造というもっともらしい言葉がつくられていく。

　第二に、教育の失敗は自己責任として片づけられる。できないことを価値づけるのではなく、「できない者」を明確に排除することにつながっていく。できることを是として、自らの行為に疑いを差し挟むことさえしない関係者（大人たち）が増加する。自己責任として捉えられることによって、社会の問題を構造的に読み解き批判的な考察を加えることが難しくなる。

　第三に、教育が本来持っている公共財としての性質を根本的に変えてしまい、「選ぶこと」によって「選ばれないこと」を低位に位置づけてしまう。と同時に、とりわけ重要な教育条件である「地域とのつながり」が貧しくなってしまう。

第四に、もともと効率性や功利性を究極的な価値とするものであるが、場の
チカラを弱めたり、協働する関係性を失わせたりするだけではなく、多様性を
受け止めるチカラを人々から奪ってしまう。しかも、具体的にいえば、遠い学
校にわざわざ通わざるを得ない結果をもたらしたり、とくに経済環境の劣位に
ある子どもたちのあきらめを促進することにつながる。結果としてそもそもの
目的の達成さえ危うくなるのである。

　第五に、新自由主義の教育改革は、それ自体が個人の欲望を優先することに
なることから、国家へのアイデンティティが希薄になる。いきおい為政者は国
家への求心力を担保するために国家への忠誠心や帰属意識を促進させようとす
る。このことは、政治と経済が手をたずさえて、深い人間理解を犠牲にしなが
ら国家の社会秩序を維持させようとする動きへとつながってくる。

　最後に、教員評価の観点からも、人間が機械のようにまなざされ、定められ
たゴールに早く到達することばかりが競われることになる。しかも、不信を前
提にした学校づくりには書類の山が築かれ、仕事のかなりの部分を文書づくり
に費やすことになる。結果として、教員相互の学び合いやチームとしてのチカ
ラが弱体化する。かつ、より深刻な問題として、教員自身が思考停止に陥って
しまい、専門職としての基盤が根本から掘り崩される点が挙げられる。

　総じて、新自由主義の教育改革は、小さな政府を志向する形ではあるが、第
三の転換期の課題解決に適うような性質を持っていない。人々のつながりを解
体させ孤立化させる。国家と個人を対として捉える単純な一元的社会観を内面
化させ、シンプルな成功の物語へと人々を駆り立てていくのである。経済や政
治のロジックが人間や社会の複雑さと大きく矛盾してくると考えられる。

5　教育と社会変動：新たな関係性の模索

　第三期の転換期に入り込んでいるわが国の教育社会は、これからどこへ行く
ことになるのか。新自由主義の教育改革は、教育課題について直接の効果的な
解答を与えるものではない。むしろ、社会にとって逆機能的な潜在的効果をも
たらす危険性がある、いくつかの理論的な限界を含んでいる。

　とくに、「社会＝国家」という大前提が、時代遅れの認識枠組みとなってい

るといってよい。斉一的な変化についての言説（国際化・情報化の言説、「いまどきの子ども」についての実体的言説等）は、国家へと束ねていく常套手段であるが、この大まかな物言いがあまりにも肌理を欠いている点がまず問われなくてはなるまい。しかも教育は、社会のゴールに向けての一元的な道具としてしか捉えられていない。この点は、分権化をめざそうとめざすまいと大差ない。そうではなく、いま私たちに必要なのは、社会の多元性を丁寧に認識し、ひとつひとつの公共圏（他者の声を聴き合い自己変容し得るオープンで出入り自由な言説の空間）を構築していくことに私たち一人ひとりがかかわっているという当事者意識をもって教育を再構築することである。また、これまで以上に、教育が社会をつくりかえていくというもうひとつのベクトルが重視されてしかるべきである。しかも、それは単なる抽象論ではなく、具体的な学習活動として保障されなければならない。人と人のつながりを国家という一元的な装置に回収するのではなく、社会のあちこちの場面で公共圏をつくり出していくことが期待されるのである。そのためには、経済活動においても公共圏という視点を見落とすことなく、参加を促しつつ成果を共有することが重要である。

　小・中学校での基礎学力の定着もそうであるが、高校段階もしくはそれ以降のエンパワメントという視点からすべての学びを問い直していくことが欠かせない課題となる。大人と子どもを結びこの年齢層のあり方と向き合うことこそ、これからの教育研究の課題であるといってよい。いずれにしても、社会変動と教育の関係性は、もっと自由に発想すべきであり、弁証法的に発展させられるべきであると言ってよい。だれもが場づくりの主体となることを徹底的に学び、経済も政治も文化も異なるリズムを有する営みとして認識しつつ、それぞれを根本的に転換していくことが課題となる。

　ゆとり教育の推進と批判をめぐる議論は、3つの転換期の中で積み残された課題と向き合う上ではきわめて物足りないものだった。いくつかの根源的な課題があり、旧来の教育社会をめぐる前提に乗っかった教育からは解は生み出されない（多様な解であるが）。

　たとえば、教育批判はいずれの場合も、教育を社会の装置としてみるにとどまり、教育が社会を再構築するという視点を脆弱にしている。しかも、社会像を措定する際にも、一定の工程表のようなものを想定することが必要になる。

過度のリアリズムでもイデアリズムでもなく、時間軸を教育研究に組み込むことが必要となる。さらに、学習観に関して言えば、教育するサイド自身が自己変容させられる経験をもっと重視しなくてはならない。そうでなければ、社会を変革し得る教育が成立するはずもないのである。また、社会観についていえば、国家一元社会観を脱構築し、公共圏をそれぞれがどのようにつくりかえることができるかを問うべきであろう。評価の点でいえば、具体的にこの世界に生きる人々や生命の幸福（well-being）に学びの結果をどう生かしうるかという点での評価のみがあるだけである。些末主義は社会を疲弊させる。さらに、経済を無限に成長するものとして考えるのではなく、定常的なほどほどの状態をそれぞれの社会が保っていくとともに、上記の幸福に活用できるさまざまな持続可能な技術（中間技術＝E. F. シューマッハー）の開発や利用を積極的かつ誇りをもってチャレンジできるムードを創っていくことが期待される。何百年という月日が輝かしい人類の進歩とともに積み残してきた課題と向き合うためには短期〜長期にわたってさまざまな手立てを重層的に組み合わせていくことが必要である。ひとつひとつの物語を実現していくためには、欲望をエンジンにして地球や他者を搾取することを究極の目的にするのではなく、自分自身の傲慢さに気づき丁寧に向き合うことを教育の根源的なゴールとして再定義することが不可欠である。社会変動と教育の新たなる関係づくり……これこそが教育研究の最大の課題であると言ってよい。

第4章　日本の教育——歴史と展開——

湯川　次義

1　古代から近世に至る学校教育

古代の学校教育

　日本人が学ぶという行為を自覚し、それを組織化するようになったのは、古代統一国家の形成期においてであり、中国や朝鮮半島との交流で大陸文化に接触したことを契機としていた。特に文字の伝来が重要であり、これにより個人の直接経験を超えた、体系的で高度な文化の習得が可能となった。285年に百済から王仁が来朝し、『論語』と『千字文』を献上したとされるのは、それを象徴する出来事であった。

　さらに6世紀末から7世紀にかけて、隋や唐の律令制国家体制をモデルとする中央集権国家体制の確立が進められる過程で、遣唐使などを通じて大陸文化の積極的な摂取が行われた。そして701年の大宝律令により律令制が一応の完成をみたが、大宝律令では都に大学寮を、諸国に国学を置くと定めた。大学寮は中央の政庁の官吏養成を目的とし、貴族や東西史部（やまとかわちのふびとべ）の子弟が入学資格者とされ、『孝教』『論語』など儒教中心の学問を学んだ。大学寮での一定の試験に合格した後、さらに官吏登用試験を受けることになっていた。一方、国学は郡司の子弟を対象とした地方の官吏養成機関であったが、実際上この制度は有名無実に近かったとされている。大学寮・国学は人材登用をねらいとしていたが、藤原氏一門の権勢の増大とともに蔭位の制による官職の世襲が甚だしくな

り、これらの機関は衰退していった。

　平安時代になると有力氏族が一族の勢力の伸長を目的とし、同族子弟のために寄宿寮・学習室を大学寮の外に設け始めた。これが大学別曹と呼ばれるもので、主なものに最古の別曹とされる和気氏の弘文院（782年設置）、最大の隆盛を示した藤原氏の勧学院（821年）、橘氏の学館院（844年）、在原氏の奨学院（881年）などがあった。

　律令制下において仏教は国家宗教的性格をもっていたが、その制約を超えて仏教に新たな視界を開いたのが天台宗の最澄と真言宗の空海であり、空海は828年に綜芸種智院を設けて種智（儒教、顕教・密教）を通じた知育・徳育を施し、僧俗・貴賤を問わずに門戸を開放した。これらに先立つ771年頃、仏教信仰の篤かった石上宅嗣は、私邸内に日本で最初の公開図書館とされる芸亭を設立した。

中世の教育

　鎌倉時代から南北朝期を経て室町時代後期に至る時代は中世と呼ばれ、その権力の中心となったのは武士であった。家父長制の家の観念に基づき、家長は一族・一家の存続繁栄のため、また恩と奉公に基づく主従関係を強固にするため、伝聞・体験に基づいた訓戒を子々孫々に伝えようとした。これが武家家訓といわれるもので、「大内家壁書」、「信玄家法」、「早雲寺殿廿一箇条」などが有名である。

　平安時代に公家が文庫を設けたように、中世には武家も文庫を設け始めたが、今日まで残るこのような施設として金沢文庫と足利学校がある。金沢文庫は1275年頃に北條実時が設立したと考えられ、この文庫には仏典・和漢書など3万巻を下らない蔵書があったとされる。来学する僧たちは蔵書の閲読・筆写を行ったので、文庫は図書館の機能を果たしていた。一方の足利学校の創立者や創立年には諸説あるが、足利義兼が設けた寺を1432年から30年代末の間に上杉憲実が再興したというのが定説とされている。この学校では漢学教授を行ったが、易学を重視し、また兵学も教授した。さらに、1400年頃に世阿弥元清によって著された『花伝書』は、人間の発達段階に即した教育を提示した点で注目される。

近世の学校教育

　近世の社会は幕藩体制を基盤とする封建的身分制社会であり、教育について
も基本的には支配層の子弟が学ぶ藩校と庶民のそれが学ぶ寺子屋というように、
身分関係に対応した形で展開した。しかし、私塾や郷校など必ずしも身分にと
らわれない教育機関も存在し、さらには奉公、教化活動など生活における教育
も広がり、近世社会において学びの形態や学習内容が多様化することになった。

　武士階層の学校の中でも、江戸幕府が設けた昌平坂学問所（昌平黌）は第一
に注目すべきものと言える。その源は1630年に林羅山が上野に開いた弘文館
（1690年湯島に移転）にあり、幕府は朱子学以外の学問講義を禁じた「寛政異学
の禁」（1790年）に基づき、1797年にこの家塾を直轄学校とした。昌平坂学問
所に入学できたのは徳川家の旗本・御家人の子弟に限られていたが、後には各
地各藩から俊才が集まり、江戸時代における最高学府としての地位を占めるよ
うになった。この他江戸幕府が設けた主要な学校として、蕃（蛮）書調所と医
学所がある。前者は1856年に洋学所を改称したものであり、1863年には開成
所と改めた。また、後者は西洋医学所を1863年に改称したものであった。幕
府直轄のこれらの学校は明治維新後政府に接収され、1877年の東京大学設置
の際にその基盤となった。

　次に各藩が設けた藩校について概観する。その設立状況をみると、1661年
から1750年までの間は28校に過ぎなかったが、1751年から1871年にかけて
223校が創設された。1750年以前の藩校は学問奨励目的のものが多かったが、
それ以降は藩の財政改革の一環として設けられ、有能な人材を育成するととも
に、藩士の士気を鼓舞し統制と団結の回復を求めることに目的があった。この
ように、藩校の目的は「個人の修養」から「有能な藩士の育成」へと転換した
のであった。このためもあり、多くの藩校では藩士子弟の修学義務を定め、子
弟は7歳から8歳で入学し、14、15歳から20歳位で卒業した。藩校における
学習内容は、主に支配階層としての人間的教養を身につけるための漢学（儒
学）が中心であったが、幕末に近づくにつれて算術・洋学・医学を教授する学
校もあらわれた。著名な藩校として、会津の日新館（1674年）、萩の明倫館
（1719年）、仙台の養賢堂（1736年）、鹿児島の造士館（1773年）、水戸の弘道館
（1841年）などがある。

この他の近世の教育機関として郷学が注目されるが、①武士を対象にしたもの、②庶民を対象にしたもの、③両者の入学を認めたもの、があった。①の多くは領内各地に散在する藩士子弟のために設けられたのであり、小規模な藩校とみることができる。②の例としては、岡山藩主池田光政によって1686年に設けられた閑谷学校が有名である。

　一方、庶民の教育機関としての寺子屋が著しく発達したことにも注目する必要がある。寺子屋の起源は中世の寺院の「俗人教育」にあるが、やがて寺院とは別個に読書算を教える所があらわれ、近世後期以降急激に増加するようになった。寺子屋は、庶民自らの教育要求に基づいて自然発生的に設けられ、また庶民によって維持された点に特徴がある。近世後期から幕末にかけて寺子屋が各地に設けられた主な理由は、経済活動が活発化し、物々交換を主とした自然経済から貨幣経済へと移行して、庶民の間にも読書能力の必要性が高まったことにあった。その他、支配者が触書などを通して弛緩してきた封建的秩序の回復維持をはかることを意図し、その設立を奨励したことなども一つの要因であった。

　では、寺子屋の普及状況はどの程度であったのだろうか。明治期の調査によれば、明治初年までに開設された寺子屋の数は1万5512校とされており、全国各地に広く普及していたことが分かる。寺子屋への就学率は、例えば江戸の場合は86％、南関東の中農層の多い村落では10％強とされ、普及状況に地域格差があった。しかし、寺子屋教育の著しい広がりが明治初年における小学校の急速な普及の基盤となったことに歴史的意義が認められる。

　寺子屋の師匠の職業や階層は、僧侶・武士・神官・医師・庶民などと多様であり、また女性も師匠となっていた。寺子（筆子）は5、6歳で寺入り（登山）し、3年から7年通うのが一般的であり、年齢の異なる20人から40人が同時に学んでいた。学習の中心は「手習」（習字）であり、テキストとしての往来物を通して基礎的な読み書きや算盤を学んだ。最古の往来物は1066年頃に藤原明衡が作成した『明衡往来』とされるが、近世になると多様な内容・程度のものがつくられ、現在までに約2000種が収集されている。往来物の内容を領域別にみると、『庭訓往来』や『実語教』といった教訓的なもの、『百姓往来』『商売往来』といった産業に関連したもの、さらには語彙・社会・消息・

地理・歴史・理数、女子用道徳、といった領域に分類できる。

　なお、近世における女性の教育を概観すると、寺子屋には女児も通っていたが、武家・庶民を問わずほとんどの女性は家庭で教育を受け、知的教育よりも女性に相応しい道徳（「女訓」）や将来の母親としての実用的教育が重視された。

　この他、近世においては家塾・私塾と呼ばれる教育機関が隆盛した。漢学塾としては、中江藤樹の藤樹書院、荻生徂徠の蘐園塾、伊藤仁斎の古義堂、広瀬淡窓の咸宜園、吉田松陰の松下村塾などがあった。また、儒学者の貝原益軒は『和俗童子訓』などを著し、年齢段階に応じた教育の必要性を説いた。国学塾としては本居宣長の鈴屋、平田篤胤の気吹舎があり、洋学塾としてはシーボルトの鳴滝塾、緒方洪庵の適塾、大槻玄沢の芝蘭堂などが有名である。松下村塾・適塾は明治維新の時代を支えた人材を輩出した点で注目される。

　さらに、近世には庶民の間からも社会教化運動が起こった。例えば、石田梅岩は、町人の生活の健全化と人間的修養の確立を目指し、忠孝・正直・倹約・忍耐・知足安分などの徳目を中心に石門心学を広めた。また二宮金次郎（尊徳）は、道徳と経済を一体化した効果的な方法を編み出し（報徳教）、下級武士の生活再建や農村の復興に貢献した。

　以上のように近世社会では学びの形態が多様化し、著しく学校教育が普及したが、身分や性の違いによる複線型の学校体系であったこと、学力評価に基づく社会的地位の移動がなかったことなど、近代の学校教育とその様相は大きく違っていた。

2　近代教育の始まりと発展

近代教育の開始

　日本における近代教育は、維新後のさまざまな模索の時期を経て、1872（明治5）年の「学制」に始まる。近代国家にとって教育は産業化や国民の統合を実現するための最も重要な手段であり、このため明治政府は「殖産興業・富国強兵」を実現し、国民の統合を図る目的で、政府が統制・管理する学校教育制度の創設を急務とした。「学制」とともに頒布された太政官布告（「被仰出書」）に政府の教育に関する基本方針が示されており、そこでは個人の「立身治産」

のためには学ぶことが必要であり、そのために学校が設けられていると説く。そして、学ぶべき内容は江戸時代のような封建的教学ではなく、日常に用いる言語・書算や職業に必要な知識・技能であると強調している。さらには、四民平等の思想を基盤として身分・家柄・性などによる差別なく、すべての人民が就学すべきものと説いている。このような「学制」の教育観は、欧米の近代思想に基づく近代教育の理念に支えられたものであったが、一方では教育は富国強兵・殖産興業を目指した国家目的の中に位置づけられ、それを実現するための基盤として近代学校制度が構想されたのであった。

「学制」の当初の構想は、全国を8大学区に分け、各大学区を32の中学区に区分し、さらに各中学区を210の小学区に分け、各学区にそれぞれの学校を設けるという壮大なものであった（小学校数は全国で5万3760校）。このように、「学制」は江戸時代の身分的複線型の学校体系を排除し、小学校・中学校・大学という近代的な学校体系を構築しようとした。小学校は下等小学4年（8等級）・上等小学（8等級）からなり、男女とも必ず卒業するものとされた。さらに専門学校・外国語学校・師範学校も設立することとした。また、教育行政組織としては大学区に督学を、中学区に学区取締を置いた。

小学校は民衆の民費や寄付金によって設立・維持され、1875（明治8）年にその数は2万4000を超え、ほぼ現在の校数と同じになった。しかし、教育内容が庶民の日常生活から遊離していたこと、授業料負担が大きかったことなどにより、就学率は30%程度と低かった（表4-1参照）。またその規模は1校当りの教員数が1人から2人、児童数が40人から50人のものが多く、校舎の40%が寺院、30%が民家を利用したものであり、概して寺子屋と大差のない形態であった。この頃、近代的なカリキュラムを理解し、新しい教授法を身につけた教員を養成するため、アメリカ人教員を招いて東京に師範学校を設置したが、全体としては近世の学識をもつ教員が多か

表4-1　小学校数と就学率

	学校数	就　学　率　（%）		
		男	女	計
明治6年	12,558	39.90	15.14	28.13
7	20,017	46.17	17.23	32.49
8	24,303	50.49	18.58	35.19
9	24,947	54.16	21.03	38.31
10	25,459	55.97	22.48	39.87
11	26,584	57.59	23.51	41.26

『文部省年報』より作成。

った。

　1880 年前後になると、自由民権運動が高揚する一方、それまでの文明開化の風潮が批判され、復古思想が興隆し始めた。このような流れの中で、1879（明治12）年、明治天皇は国民教育の根本方針として「教学聖旨」（元田永孚起草）を示した。この聖旨は、教学の根本は第一に「仁義忠孝」を明らかにすることにあるとし、「学制」の開明的な教育理念を批判し、儒教道徳の後に西洋の知識・技術を学ぶべきとした。

　この時期の学校制度の変遷をみると、1879（明治12）年には「学制」が廃止され、文部大輔田中不二麻呂と学監ダビッド・マレーにより教育令が公布された。教育令は小学校の設置や就学に関する条件を緩和し、また地域住民により選挙された学務委員による学校管理を規定するなど、教育の権限を大幅に地方に委譲し、地方の自由裁量を基調とした。このため、教育令は当時自由教育令とも呼ばれた。教育令では、学校として小学校・中学校・大学校・師範学校・専門学校・各種学校などを定めていた。

　教育令は規制緩和策を打ち出したが、実際には国民の学校離れを引き起こし、1 年余りで改められ、1880（明治13）年に改正教育令が公布された。改正教育令は、自由民権運動の激化への対応ともあいまって、就学率を向上させ道徳教育を重視するという文教政策の下で、文部卿河野敏鎌によって推進されたのであった。同令は、学校設置・就学義務に関する規定を強化し、また民選だった学務委員を府知事・県令による任命制とするなど、国による統制を強めた。

　1870 年代後半から 90 年代にかけて確立した近代国家体制に対応して、教育の国家統轄・国家主義化が強力に進められた。すなわち、1885（明治18）年に初代文部大臣となった森有礼は、日本を世界の列強国と並ぶ地位にまで高めることを目標とし、また来るべき立憲体制に即応した国家思想の涵養を国民教育の中核に位置づけ、1886（明治19）年にいわゆる「学校令」（小学校令・中学校令・帝国大学令・師範学校令）を制定した。これらにより、日本の学校体系は小学校・尋常中学校・高等中学校・帝国大学という 4 段階になり、近代的な学校体系の基礎が確立し、これが戦前の日本の学校制度の基本構成となった。

　小学校は尋常科（修業年限 4 年）と高等科とからなり、尋常小学校の就学に関しては保護者の義務とされ、法令上初めて義務教育が規定された。しかし、

就学に関して大幅な猶予・免除も認められ、さらに授業料も徴収したため、公教育制度が確立するには至らなかった。中学校は男性のみを教育の対象とし、尋常中学校（5年制）と高等中学校（2年制）からなり、また帝国大学も国家中心の考えに基づき、「国家ニ須要ナル学術理論」を教授するものとされた。師範学校は、尋常師範学校と高等師範学校の2つから構成され、全寮制に基づく軍隊式教育を行った。さらに森は1886（明治19）年に小中学校及び師範学校に検定教科書制度を導入し、学年段階や児童の発達に即した近代教科書を普及させる一方、教育内容に対する国家統制を強化した。

　1890年前後になると、大日本帝国憲法の制定や地方制度の整備（市町村制・府県制・郡制）に伴って国家主義体制が確立されることになるが、教育の面でもこのような動向に対応するため、1890（明治23）年に第2次小学校令が公布された。その教育目的は、従来の規定を大きく転換させて「道徳教育及国民教育ノ基礎」と「普通ノ知識技能」を授けることとされ、また国・府県知事・校長の分担事項が明確化され、これにより各小学校に国家管理が浸透することとなった。また、この小学校令は勅令として公布されたが、その後の教育法規の勅令主義の重要な契機となった。

　尋常小学校は3年または4年、高等小学校は2年、3年または4年の年限とされ、最低3年間を義務就学の期間とした。さらにこの小学校令に基づいて小学校教則大綱が定められ、また祝日大祭日儀式に関する規定や学級編制に関する規則など、小学校制度の全般にわたる諸規則が制定されたが、これにより近代日本の小学校の制度上の基本的事項が整った。

　さらに1890（明治23）年には、教育の根本方針を示した「教育ニ関スル勅語」が発布された。起草者は井上毅と元田永孚であった。教育勅語は、天皇のいつくしみの政治と臣民（国民）の忠誠によって成り立つ「国体」に教育の根源があるとし、忠孝の儒教道徳を基本に近代的倫理を加えた国民道徳のあり方を明示した。この勅語は修身教科書の基本的な内容となるとともに、天皇の写真である「御真影」とならんで各学校に頒布され、儀式でその精神の徹底がはかられるなどし、戦前を通じて天皇制国家の精神的支柱として重大な役割を果たした。

　1900（明治33）年には第3次小学校令が公布され、小学校4年間の義務制と

無償制が実施され、日本の公教育が制度的に確立した。このような法的整備や日露戦争後の近代産業の発展などに支えられ、就学率は 1902 年に 91％となり、その後も上昇し続けた。このような状況を背景として、1907（明治 40）年に小学校令が改正され、尋常小学校の修業年限は 4 年から 6 年に延長され、これにより 6 年制の義務教育制度が成立した。

　教科書制度をみると、1903（明治 36）年に小学校の教科書が検定制度から国定制度へと改められ、翌年 4 月から国定教科書が使用され始めた。その基本的なねらいは国家主義による国民教育を強化することにあり、この制度により教師が自主的に教育内容や教材を選択する可能性は失われ、教授法も形式的・画一的となり、授業は国家により与えられた内容の伝達が中心となった。

　次に中等教育制度についてみると、1899（明治 32）年にその総合的な整備が行われた。すなわち、同年 2 月に中学校令が改正され、従来の尋常中学校は中学校と改称され、また新たに実業学校令と高等女学校令が制定された。これらによって中等教育段階は、①男性の高等普通教育、②女性の高等普通教育、③実業教育に分けられ、性別や将来の進路に対応した形で 3 系統の諸学校が並び立つことになった。高等女学校令により女性の中等教育制度がようやく確立されたが、その理由は堅実な中産階層の家庭を維持し子弟の養育の任にあたる「良妻賢母」の育成が国家的見地から必要とされたことにあった。

　さらに、1900 年代前半に各種高等教育機関の整備が進められ、帝国大学・高等学校・専門学校という、第二次世界大戦直後まで続く高等教育体制が確立した。すなわち、1897（明治 30）年に京都帝国大学が設置され、続いて東北・九州帝国大学が増設され、また高等学校は帝国大学の予備教育機関としての性格を明確にした。1903 年 3 月、専門学校令が公布され、それまで多種多様に発展していた専門学校が一つに類型化され、高等教育機関として正規な学校体系の中に位置づけられた。この勅令により、明治前期以来設けられていた法学・医学・宗教等の私立高等教育機関は専門学校へと「昇格」した。

大正・昭和戦前期の教育

　日清・日露の戦争を経て確立・発展した日本の資本主義経済体制は、内部に労働者階級を成長させ、また民主主義や社会主義の運動を盛んにした。特に、

第一次世界大戦前後に大正デモクラシー運動を中心とする社会運動が高揚し、教育勅語を支柱とする教育体制に動揺を与えた。混迷する社会状況に対応するため、臨時教育会議（1917年設置）は教育制度全般にわたる国民道徳の徹底、国体観念の振興をはかるべきと答申した。これにより各学校段階の目的規定に国民道徳の涵養が付加され、教育内容の国家主義化が一層進んだ。

　また、臨時教育会議の答申に基づいて大学令と高等学校令が制定されたことも、この時期の教育改革として注目される。大学令は従来の帝国大学以外に公私立大学の設置を認め、さらに単科大学をも容認するものであり、この時期は近代日本の高等教育制度の完成期と言える（図4-1参照）。このような法整備や政府の高等教育機関拡張策により、大学教育が戦前期最大の量的拡大を示した。すなわち、新たに私立大学や官立単科大学が認められ、1918（大正7）年の5校・学部学生数約6900人から1930年には46校・約4万1300人へと急増している。このような高等教育の拡充策は、産業界からの経営人材や技術人材の要求や都市を中心とした中産階層の教育要求に応えるものであった。しかし、大学教育の機会は原則的に女性には閉じられた状態にあり、高等教育機会に性的差別が存在していたことも、近代日本の教育制度の大きな欠陥の一つであったと言わなければならない。

　大正期の教育の注目すべき動向として、「新教育」あるいは「自由教育」といった教育実践が展開された点を指摘できる。新教育運動は第一次世界大戦後の開放的な自由主

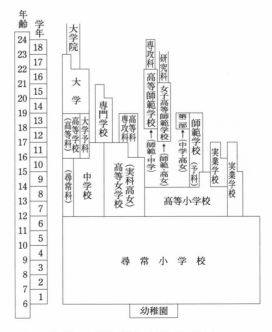

図4-1　学校体系図（1921年）

出典：仲新・持田栄一編集『学校の歴史』第1巻より

義・民主主義の思想を背景として、また世界的な新教育運動の潮流の下で繰り広げられた。これは画一化・形式化した詰め込み主義の公教育を批判し、児童の興味・関心、自発性や創造的活動を重視する児童中心的な実践であり、教育史上重要な意味をもつと言える。新たな教育実践の試みは、大都市の私立学校（成城小学校・池袋児童の村小学校・玉川学園等）や師範学校付属小学校を中心に行われたが、一般の小学校にも少なからず影響を与えた。全国的に大きな影響を与えたのは、奈良女子高等師範学校の木下竹次の理論であり、木下は教科の枠を超えた生活そのものの単位学習としての「合科学習」を主張した。

　これらの教育実践とともに、その背景をなす多彩な新教育思想が「八大教育主張」講演会（1921年）などの形で主張された。すなわち、及川平治の「動的教育論」、稲毛金七の「創造教育論」、樋口長市の「自学教育論」、手塚岸衛の「自由教育論」、片上伸の「文芸教育論」、千葉命吉の「一切衝動皆満足論」、河野清丸の「自動教育論」、小原国芳の「全人教育論」である。また、この時期の芸術教育運動家として、1918（大正7）年に児童雑誌『赤い鳥』を創刊した鈴木三重吉、作文において「随意選題」を主張した芦田恵之助（主著『綴方教授』）、絵画において「自由画教育」を実践した山本鼎などがいる。

　しかしながら、新教育の実践は日本の子どもの社会的現実に即して行われたものではなく、外国の教育理論や実践の紹介・導入を中心としたものであり、天皇制教育体制の枠内での教育内容・方法の改善にとどまったとされる。この教育運動は一時的に興隆したが、やがて文部省の監督が強化され、結局1930年代以降の軍国主義教育の中に埋れていった。

　1930年代に入ると、世界的な大恐慌が日本を襲い、また社会主義勢力も一時台頭したが、この時期、生活綴方運動や郷土教育の実践が展開された。生活綴り方運動は、農村恐慌で生活と教育が破壊状態にあった東北の農村を中心に展開され、綴り方教師たちはまず子どもに自己の生活をみつめさせ、それを作文で表現させ、集団的に生活を変えていく子どもの成長に期待した。1929（昭和4）年に雑誌『綴方生活』を創刊した小砂丘忠義や秋田で北方性教育運動を展開した成田忠久は、その代表的人物であった。

　1931（昭和6）年の満州事変を経て1937年に日中戦争が開始されると、日本は戦時体制へと突入し、文教政策の面でも戦時色が濃くなり、教学刷新と学

制改革が主要課題となった。教学刷新とは、第一次大戦前後に高揚した自由主義、民主主義、社会主義思想などに対抗しようとするものであり、教学刷新評議会（1935年）は国体観念、日本精神を根本として学問・教育を刷新すべきと答申した。さらに、1937年に設置された教育審議会では、教学の指導や戦争遂行に必要な教育制度の改革を審議した。

　1941（昭和16）年3月に国民学校令が制定され、従来の小学校は国民学校と改められ、そこでは「皇国民」の「基礎的錬成」をなすものとされた。また、国民学校では従来の教科の枠組みが大きく改編され、国民科・理数科・体錬科・芸能科・実業科の構成となった。国民学校令では初等科6年と高等科2年を義務制とし義務教育年限を2年延長することにしたが、戦争の激化に伴いその実施は無期延期された。また、1939年には青年学校令が改正され、男性には義務制となった。青年学校は、尋常小学校卒業者を入学資格とし、中等教育を受ける機会に恵まれなかった多数の国民にその機会を開放する一方、勤労青少年を国防に備えうる兵員として確保したいという軍部の支持を背景に成立したのであった。

　1941（昭和16）年の太平洋戦争の突入後、1943年頃から大都市の国民学校では学童疎開が行われて児童は地方へ移り、また中等以上の諸学校では勤労動員によって学生・生徒が工場などで年間を通して働くようになった。さらに、1943年からは高等教育機関に在籍する男性の学徒出陣が開始され、戦況の悪化に伴い、ついに学校教育はその機能を停止した。

3　民主的教育制度の確立とその後の教育

民主的教育制度の確立

　1945（昭和20）年8月15日、太平洋戦争は日本の敗北に終わり、学校は9月から再開されることとなった。しかし、多くの都市や沖縄では国民学校から大学に至るまで、校舎は空襲で焼き払われており、また食糧事情も極度に悪化しており、直ちに通常の授業に戻れる状況にはなかった。こうした中で同年9月、文部省は文化国家を建設し民主主義によって日本を再建するという「新日本建設ノ基本方針」を発表した。しかし、その基本方針の一つに、今後の教育

は「益々国体ノ護持ニ努ムル」ことが掲げられていた。

　一方、連合国総司令部（GHQ）は教育を占領政策の一部として重視し、その政策の下で教育改革がなされることになった。総司令部は日本の教育から超国家主義的、軍国主義的要素を払拭し、民主的教育を再建することを基本方針とし、同年10月から12月にかけて占領下の教育処理の施策として4つの指令を出した。さらに翌年3月、総司令部の要請に基づいてアメリカ教育使節団が来日し、日本の教育改革についての勧告的な報告書をまとめた。そして同報告書に示された基本方針と方策に基づいて、戦後の教育改革が実施されることとなった。すなわち、8月には内閣の諮問機関として教育刷新委員会が設けられ、戦後の教育改革について審議し、教育基本法や学校教育法に直結する重要事項を建議した。その結果、日本の教育は理念上も制度上も近代的民主的な体制を整えることになった。

　1946（昭和21）年11月、国民主権・平和主義・基本的人権の尊重を基本原理とする日本国憲法が公布された。この憲法では、思想・信条の自由、表現の自由、学問の自由などを承認するとともに、第26条で教育を受ける権利を定めた。教育を受けることは基本的人権の一つで、国民の権利とした点は、戦前に教育権は国民をどう教育するかといった国家の権力と解されていたことを考えると、極めて意義深いものと言える。

　次いで1947（昭和22）年3月、戦後の教育の根本理念を明らかにした教育基本法が公布された。教育基本法は憲法の根本理念の実現は「教育の力にまつべき」とするとともに、「人格の完成」を目指し、平和的な社会の形成者として、真理と正義を愛する人間の育成を教育目的として掲げた。さらに同法は、義務教育の無償、教育の機会均等、男女共学、教育の宗教的中立、教育行政の独立など、教育を受ける権利を実現するための諸原則を定め、民主的な公教育の理念を明文化した。ここに、戦前の大日本帝国憲法・教育勅語体制に代わって日本国憲法・教育基本法体制が確立した。なお、教育勅語は1948（昭和23）年に両院で排除・失効確認の決議がなされ、学校教育から全面的に排除された。

　さらに教育基本法と同時に、その理念を学校教育制度に具現するため学校教育法が公布され、進路や性別に対応して異なっていた学校制度が機会均等の原

図4-2　学校体系図（1950年）

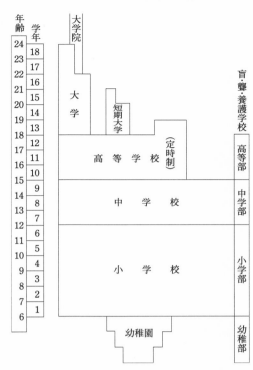

出典：仲新・持田栄一編集『学校の歴史』第１巻より

理に基づいて民主的なものに改められた。すなわち、小学校・中学校・高等学校・大学を基本とする単線型の民主的な学校体系とした点に新学制の特長があり、盲学校・聾学校・養護学校、幼稚園をも一貫した学校体系の中に位置づけたのであった（図4-2参照）。また義務教育年限を延長して、すべての国民に共通な３年制の中学校制度を設けた点に重要な意義があった。さらには男女共学が制度原則とされ、女性にも大学教育の機会が開放された点も新学制の重要な改革とみなければならない。同法に基づき、1947（昭和22）年４月から小学校と中学校が発足し、翌48年から高等学校が、さらに49年からは新制大学が発足した。

　新たな小・中・高校では、学習指導要領が新規に導入（1947年）されるとともに、1949年から検定教科書が使用され、また教師の活動領域が拡大されて、それぞれの地域と子どもの現実を考えて授業内容や教育方法に創意工夫をこらすことができるようになった。また、教員については戦前の師範学校を中心とした閉鎖的な養成制度を改めて大学教育を基盤とし、しかも教育学部以外の他の学部を卒業しても教員免許状を取得できることとした。

　この他、注目されるのは教育行政についての改革であり、行政の地方分権化が進められるとともに、民意を尊重する措置として1948（昭和23）年に教育委員会法が公布された。また、翌年には社会教育法も公布された。

戦後教育改革以後の展開

　戦後教育改革以降の諸分野の展開は第Ⅱ部で個別に論じられるため、本章の最後として 1950 年以降の教育をめぐる状況を概観する。アメリカとソ連の間の「冷たい戦争」の激化など、国際情勢の変化に伴い 1949 年頃からアメリカの対日政策は保守的なものへと変化し、日本国内でも 1952 年の講和独立後は、国の権限や文部省による統制が強化され、戦後教育改革の「行き過ぎ」是正の措置がとられた。具体的には、教育委員会の任命制への変更（1956 年）、「道徳の時間」の特設と学習指導要領の基準性の明確化（1958 年）、教員の勤務評定の実施（1959 年）、などが行われたが、これらの措置は、国の権限強化に反対する人々からは、民主化への「逆コース」として批判された。この時期の学校制度の改革として、当初は暫定措置として設けられた短期大学が、1964（昭和39）年には恒久的な制度とされた。

　1960 年前後からの高度経済成長の社会において、経済界から産業構造の変化に見合った労働力、つまり能力と適性に応じた教育と企業への適応心や帰属心を備えた質の高い労働力の育成が要請され、これに伴い文部省は工業・商業科などの高等学校の多様化、大学における理工系学部の増設を進める政策を実施し、産業界との連携を強めた。さらに 1962（昭和 37）年には、経済・産業・科学の発達に伴う中堅技術者不足を補う目的で、高等専門学校の制度を創設した。また、1966（昭和 41）年に中央教育審議会は「期待される人間像」を提示し、愛国心や天皇への敬愛の必要性を強調した。

　1970 年代以降も、高学歴人材への需要が高まり続け、また国民の経済力の向上とも相まって高等学校・大学への進学率は急増し、受験教育や進学競争が一層激化した。このような状況を反映し、「詰め込み教育」「落ちこぼれ」が多くの学校現場で見られるようになり、また塾通いも社会問題化した。高等学校への進学率は、1954（昭和 29）年にようやく 50％を超えたに過ぎなかったが、1965 年前後には 70％台、1975 年には 92％、2000 年には約 96％に達するという驚異的な伸びを示した。さらに大学（短期大学を含む）教育の大衆化も急激に進行し、1960 年代までは進学率は 20％を前後していたが、1973 年前後には30％台に達し、2009 年には 53.9％となった。1955 年に大学 228 校・学部学生数約 50.4 万人、短期大学 264 校・同約 7.8 万人であったものが、2009 年には

大学 773 校・同約 252.7 万人、短期大学 406 校・同約 16.1 万人へと急増し、この間学校数 2.4 倍、学生数は 4.62 倍となった（『文部統計要覧』）。

このような高学歴社会が進行する中で、1980 年代以降は「偏差値偏重」の進路指導が問題とされ、また高等学校の退学者が急増するなどした。さらにその後も、小学校・中学校を中心に校内暴力、いじめ、不登校、学級崩壊など、いわゆる教育の荒廃と称せられる事態が深刻化し、また今日では学力低下をめぐる議論がなされている。

戦後教育改革から 75 年近くが経過した今日、この教育改革の基本原理の是非をめぐる論議がなされ、一方学校教育をめぐる状況は混迷を深め、解決の糸口は容易には見出せない状態が続いている。しかし、このような混迷は世界の先進諸国に共通してみられる現象とも言えるのであり、今後は新たな教育基本法（2006 年改正）に規定された一人ひとりの人格の確立を中核とした教育理念を再確認するとともに、産業社会の構造的変化への対応、学校・家庭・地域社会の関係再編をも視野に入れつつ、21 世紀の新たな状況の中での再生を模索する必要があると言えよう。

第5章　世界の教育──歴史と展望──

藤井　千春

1　古代ギリシアの教育と教育思想

スパルタとアテナイ：全体主義国家の教育と民主主義国家の教育

　スパルタとアテナイは、紀元前5世紀ごろの古代ギリシアにおいて覇権を競った代表的なポリスである。

　スパルタでは、少数の征服民が大多数の被征服民を農業奴隷として支配していた。そのために征服民である市民＝自由人は全員軍人となり、10倍以上もの数の奴隷を軍事力によって支配するという統治体制が採用された。市民の子どもは誕生とともに国家の子どもとして見なされ、年少時には両親から離されて、厳しい軍事教練を中心とした集団教育が行われた。そして、狡猾・非情・戦闘的な軍人となるための訓練が行われた。さらに、成人後も市民には、常に軍営にあるような集団生活が求められた。

　このようにスパルタでは、独特の歴史的条件のもとで、全体主義・軍国主義に基づく教育と市民生活が営まれ、スパルタ人に特有の利己的、保守的、冷酷な性格が形成されたと伝えられている。

　一方、アテナイは海外貿易による商業国家として発展し、市民による直接民主主義が行われた。アテナイでは、『イリアス』『オデュッセイア』などホメロス（前8世紀ごろ）の英雄叙事詩が年少者への教材として重視され、知恵、武勇、雄弁、人間性に卓越した「美にして善なる人」が教育的理想像とされた。

年少者はスコレーと呼ばれる私塾において、体育、音楽、文法などの科目を学んだ。

このようにアテナイでは、直接民主主義のもとで、主体的にポリスに貢献し、その市民として生きる人間の育成がめざされた。そして、アテナイは、現代にまで継承され続けている学問、文芸、芸術を生み出した。

ソクラテス：永遠の教師

ソクラテス（Sokrates, 前470～前399）は、アテナイの全盛期から斜陽期において、アテナイの市民に、ポリスの市民として「善く生きる」ことについての自覚を促す活動を行った。

ソクラテスにとって、ポリスの市民として「善く生きる」とは、ポリスの市民として、ポリスに対する責任を自覚した生き方であった。アテナイをはじめギリシアは、ペルシアによる侵略の脅威に常にさらされていた。アテナイは、紀元前5世紀初頭の対ペルシア戦争勝利後、ポリス間の防衛同盟（デロス同盟）の盟主となり、古代ギリシアのポリス界の覇者として経済的に大きく繁栄し、ペリクレス（Perikles, 前495？～429）の指導の下、民主政治も拡大された。しかし、ソクラテスの生きた時代は、経済的な繁栄の帰結として、しだいに人々の間で拝金主義や利己主義的な傾向が生じ、ポリスの市民としての伝統的な価値が揺らいでいった。また、ペリクレスの死後は、疫病流行の影響、スパルタとの戦争（ペロポネソス戦争）の長期化、扇動的な政治家たちによる政争などにより、アテナイの民主政治は混乱状態となっていた。

そのような状況の中、ソクラテスは人々に自分の「魂に配慮」し、「魂を優れたものにする」生き方、すなわち「善く生きること」を唱えた。ソクラテスによれば、人々が求めなければならない「真の知恵」とは、名声や富など個人的な利益をもたらす、あるいは表面的な装飾を施すなどのような技術ではなく、自分自身の「魂を優れたものにする」ための「徳」である。伝統的な価値が揺らぐ中、ソクラテスは市民に「徳」を探究しつつ、「徳」にしたがって生きることを主張した。「善く生きる」とは、ポリスの市民としての義務と責任を自覚した「知行合一」「知徳合一」の生き方といえる。

ソクラテスにとって、「徳」とは市民としての自らの生き方を導くものであ

る。ソクラテスは、そのような「徳」は教え込むことができないと考えた。「徳」は自分自身の「無知」を自覚した上で、自らの探求によって発見されるものであった。ソクラテス自身は自らの「無知」を自覚していた（「無知の知」）。このためソクラテスは、年少者たちとの「問答」を通じて、まず相手に自分自身の「無知」に気付かせ、その後さらに「問答」を積み重ねることにより、相手に自分自身で「真の知恵」に気付かせることを支援するという方法（「問答法」）で、アテナイの年少者たちに対する教育活動を行った。

このようなソクラテスの教育活動は、当時アテナイで活躍していたソフィストと呼ばれる職業教師たちの活動と対比されている。ソフィストたちは、自らを智者と称し、弁論術などの有益な技術的な知識を卸売り的に教えていた。ソクラテスは自らの生き方を導く「徳」を重視したのに対して、ソフィストたちは有益なハウ・ツーを重視した。また、ソクラテスは、相手に自らの力で「真の知恵」を生み出させる、「産婆術」と呼ばれた開発的な方法で教育を行ったのに対して、ソフィストたちは、知識を一方的に伝授する注入的な方法で教育を行った。

しかし、ソクラテスの活動は、ソクラテスが自らを「アテナイという名馬にまとわりつく虻」と述べているように、人々にとっては必ずしも快いものではなかった。一部の人々の反感と誤解、また政治的な混乱の中、邪神を信仰して青年たちを悪導したとして裁判に訴えられ、死刑判決を受けることになった。ソクラテスは金を積んで脱獄することを勧める友人に対して、「悪法といえども法なり」という言葉で、アテナイの市民としてアテナイの裁判の判決に従うという生き方を貫くことを語り、毒杯を仰ぐことを甘受した。

プラトン：民主主義への疑問

ソクラテスの弟子であったプラトン（Platon, 前 427? ～前 347）は、ソクラテス裁判に象徴されるようなアテナイの混乱期に青年期を過ごした。ソクラテス裁判では、被告であるソクラテスには十分な弁明の時間が与えられ、裁判には手続き的な誤りはなかった。しかし、それにもかかわらず無罪であるソクラテスが有罪とされ、さらに死刑判決が下された。つまり、正しい手続きに従って誤った結論が出されたのである。プラトンはここに民主主義の制度に不可避に

伴う問題点を見出した。

　そして、プラトンが『国家』において構想したのは、誤った決定が生まれないようにする国家制度であった。プラトンは、「真の知恵」を有し、魂が優れた「哲人」が統治者となることにより可能であると考えた。プラトンが構想した国家制度では、年少者の生来の資質を見極めて、それに従って国民を、庶民、戦士、支配者に選別していく教育システムが提案されている。欲望の資質の強い者は富を生み出す庶民に、気力の資質の強い者は戦士に、知性の資質の強い者は支配者にと選別され、欲望には節制、気力には勇気、知性には知恵というように、それぞれの資質をそれに対応する「徳」によって統制できるように教育する。プラトンは、市民がそれぞれ生来的な資質に適した階級に選別され、それぞれの「徳」と調和して生活することにより、国家全体に「正義」の「徳」が実現されると考えた。

　しかし、プラトンが構想した国家は、一種の全体主義国家である。理想的な国家とそのシステムを構想し、そこに社会を固定しようとする試みである。民主主義は誤謬の危険性を不可避に伴う。しかし、絶対に誤りがないと構想されてきた理想国家は、いずれも一種の全体主義国家である。

2　ヨーロッパ中世の教育と教育思想

　古代ローマにおいては、共和政時代後半から初等程度の学校で初歩的な読み書き算術が教えられた。帝政時代には各地に中等程度の学校が開かれ、文法、修辞学などを中心とする自由七科（文法、修辞学、弁証法、算術、幾何、天文学、音楽）が、自由人にふさわしい教養的学芸として教えられた。

　西ローマ帝国滅亡後のヨーロッパは、キリスト教世界として宗教的に統一され、教育活動は教会の支配下に置かれることになった。そして、近代公教育制度の成立にいたるまで、キリスト教がヨーロッパの教育に対する支配権を握り、人間形成や学問研究に大きな影響を及ぼすことになった。

　ヨーロッパ中世における教育は、教会、宮廷、都市の３つの場において展開された。

　ヨーロッパ中世における中心的な教育機関は教会であった。修道院学校と総

本山学校が教会による教育を担っていた。修道院学校は当初は山中など世俗から孤立した場所に建設されたが、しだいに都市の中に建設されるようになると、一般信徒である貴族の子弟の入学が増えた。そのため僧侶養成のための「内校」と貴族の子弟の教育ための「外校」とに分けられるようになった。

　宮廷では、「騎士道」の教育が行われていた。封建領主の領土の維持・拡大のためには、生産労働から解放され、武力に優れ忠誠心の篤い専門的な戦士が必要とされた。修道士の生活が厳格な宗教的生活に基づいてなされたのと同様に、「騎士道」の教育では、世俗における厳格な形式に基づいて、7歳から21歳までの間、乗馬、水泳、弓、剣、狩猟などの訓練がなされた。当初はこのような身体的訓練が中心であったが、しだいに読み書きも重視されるようになった。このようにして勇敢、忠誠などの尚武の精神と共に、高尚な品性を備えた人間の育成が目指された。「騎士」はヨーロッパの貴族教育における理想像となった。

　商工業を中心として発達した都市で、年少者に対する教育的機能を担ったのは、同業者による自治的な組合である「ギルド」での「徒弟制度」であった。徒弟は親方と生活を共にして技術的な修業を積みながら、一人前の職人としての人格的な教育を受けた。そして、都市の中産階級が経済的な実力を高めるにつれて、その子弟を対象として読み書き算術を中心に教える都市学校が生まれた。また、中世のヨーロッパの都市において、神学研究を中心にしたパリ大学、法学研究を中心にしたボロニア大学、医学研究を中心にしたセレルノ大学など、現代においても有名な大学が誕生した。そのような大学が誕生した都市には、教授たちの自治的な組合である「ギルド」と、学生たちの自治的な組合である「ギルド」が結成され、大学は両ギルドの結合体として、ウニヴェルシタス（universitas）と呼ばれた。

3　近代教育思想の誕生

ルソー：子どもの発見

　フランスの教育史家のアリエス（P. Aries）によれば、近代以前のヨーロッパでは、子どもは背丈や体力によって大人と異なるだけで、いわば「小さな大

人」と見なされていた。「子ども」という観念が誕生したのは18世紀になってからであり、近代に固有の観念であるという。

　ルソー（J. J. Rousseau, 1712～1778）は、教育物語の『エミール』において、子ども固有の世界の存在とその論理に従った教育の必要性を主張した。ルソーは「子どもの発見者」、「近代教育学の父」として評価されている。

　ルソーは異色の啓蒙思想家であった。啓蒙主義とは、人間の理性を信頼し、知識の増大や文化の進歩を図ることによって、不合理な旧体制の打破を目指す思想的な立場である。しかし、ルソーは、文明や文化によって人々に欲望が生み出され、不平等や悪徳の充満する社会へと堕落したと主張した。ルソーによれば、文明や文化のない自然状態において、人間は生まれながらの善意や友愛の情によって平和な生活をしていた。しかし、人間が作り出した文明や文化によって、自然のままの人間の本来的な善性が失われてしまったのである。ルソーは、当時の旧体制における社会的な不平等や悪徳について、むしろ文明や文化の発生と進歩によるものと説明した。「すべては造物主の手を離れるときは善であるが、人間の手の中ですべては悪となる」とは、このような意味において述べられた言葉である。

　ルソーの思想は、「自然に帰れ」という標語によって伝えられるように、人間の本来持っている善性の回復を主張するものであった。ルソーによれば、子どもには自然の善性に基づく固有の成長の法則がある。人為的に不合理な働きかけを行うことにより、人間本来の善性の開花が損なわれてしまうのである。

　この点で、自然の法則に従うことを主張するルソーの教育論は、「消極教育」と呼ばれている。しかし、それは子どもを放任する教育を意味するものではない。子どもの自然な成長の論理についての十分な理解の上に、その筋道に従って、人間が本来有している善性の開花を支援する教育といえる。つまり、ルソーは、大人の側から、大人への準備として、大人の都合に基づいて、子どもを人為的な鋳型に嵌め込んでいく教育を否定し、子どもの固有の成長の論理を明らかにし、それに基づいた教育を主張したといえる。

ペスタロッチ：教育愛の実践者

　ルソーは「子どもの発見者」として評価されているものの、ルソーが描いた

子どもの成長の論理は観念的なものであった。スイスのペスタロッチ（J. H. Pestalozzi, 1746〜1827）は、ルソーに学びつつも、ノイホーフでの貧民の子どもたちへの教育、シュタンツでの戦災孤児たちへの教育、ブルクドルフ、ミュンヘンブフゼー、イヴェルドンでの学校運営など、独自の教育実践に生涯をかけて当たった。

　ペスタロッチは、「どんなに貧しい、どんなに不良な子どもの中にも、神が与えたもうた人間性の力がある」と、すべての子どもの教育の可能性を主張した。

　ペスタロッチは、産業革命が進展しつつある当時のスイスにおいて、人々を貧困から救い出すために何ができるかを考えた。ペスタロッチの学校では、子どもたちは椅子に座り机に向かって、文字や言葉を覚えるのではなく、畑で作物を育て、糸車と織機で糸を紡いで布を織るなどの労作を行った。また、ペスタロッチは、「家庭の幸福の関係は、最も善き最も著しい自然の関係」であると考え、学校を家庭的な愛情の溢れる場とした。

　このようにペスタロッチは、子どもたちに経済的に自立するために必要な生産的技能を学校で習得させるとともに、学校を家庭的な愛情の溢れる場とすることによって、子どもたちが将来、職業的にも、家庭的にも安定して生活を営むことができるようになることを目指した。経済的にも、愛情的にも安定した家庭生活によって、そのような中で「生活が陶冶する」ことを通じて、そのような生活を営むことのできる人間が、再生産的に育つと考えたのである。このようにして、人々の「貧困の源泉を堰き止める」ことをめざした。

　また、ペスタロッチは、事物に対する直観から子どもたちの認識を発展させるという直観教授による指導方法を完成させた。認識を、数、形、色などの単純な構成要素に分解し、そこから事物の表象を再構成させるという、一般に「メトーデ」と呼ばれる学習指導法は、集団を対象とした学習指導法の本格的な開発として評価されている。

　すべての子どもの教育可能性の実現を保障すること、子どもの成長の基盤として愛情に溢れた環境を整えること、集団を対象とした学習指導法を開発することは、近代的な学校教育が備えることの必要な条件である。ペスタロッチは、これらの条件の実現の必要性を主張するだけではなく、自らの教育実践を通じ

て実現に取り組んだといえる。

フレーベル、モンテッソーリ：幼児へのまなざし

　幼稚園の創始者であるフレーベル（F. W. Fröbel, 1782〜1852）は、1840年に世界最初の幼稚園を開設した。

　フレーベルは、ペスタロッチに学びつつ、幼児が自分の取り巻く世界や人々との一体的な関係を拡大し実現していくという、幼児の成長についての独自の論理を提唱した。また、「恩物」と呼ばれる教具を開発し、幼児がそのような関係を実感できるための独自の幼児教育の方法を提唱した。

　モンテッソーリ（M. Montessori, 1870〜1952）は、幼児にとって衛生的で安全な生活環境、および知的な刺激の得られる教具が準備された学習環境の整備の必要性を主張した。モンテッソーリは、ローマのスラム街の幼児を対象として「子どもの家」を開設して教育実践を指導し、保育環境の文化的な整備が幼児の発達を最大限に実現することを証明した。現在、モンテッソーリの教育思想を実践する幼児教育の施設である「子どもの家」は、世界各地に開設されている。モンテッソーリの思想と実践は、子どもの発達にとって環境の整備が、子どもの権利擁護という視点からも重要であることを証明した。

4　欧米諸国における公教育制度の成立

公教育制度と国民教育

　公教育制度とは、近代西欧型の国民国家が運営する、次の三原則に基づく学校教育制度である。

①　無償、すなわち公費により運営され、授業料を徴収しない。

②　義務制、すなわち子どもの就学に対して公権力や保護者などが責任を負う。

③　宗教的中立、すなわち世俗権力によって運営される。

　欧米各国の公教育制度の成立は、それぞれの国の歴史的条件によって成立事情や経過は異なるが、いずれの国においても市民革命後の18世紀末ごろに構想され、約100年をかけて19世紀末ごろに制度的に完成した。

公教育制度は、市民革命後の近代国民国家の構築の一環として構想された。国民国家とは、身分にかかわらず、国民自身が国家の運営を担うという理念のもとに制度設計された国家である。そのためには国民全員が身分や貧富にかかわらず共通の教育を受けることが前提となる。選挙による政治参加のためには国民には市民的な教養を有することが必要となる。また、教育を通じて国民全体の中から優秀な人材がリーダーとして育成されなければならない。つまり、公教育制度は、民主主義を実質的なものにするシステムとして考えられた。このような観点から、近代公教育制度は、国民の教育を受ける権利を保障し、民主主義を実質的なものにするための役割を果たしてきた。

　しかし、一方で、近代国民国家は、歴史的に見れば、富国強兵の実現という国家目標を国民全体で推進するための体制であったともいえる。市民革命は産業革命による産業ブルジョワジー層の台頭を基盤として遂げられた。このために革命後に成立した国家の進路は、産業の発展と軍事力を背景としたその販路の確保に向けられた。

　そのような観点から、近代の国民国家において、公教育制度は、一定の知的水準と勤勉で従順な態度を有する工場労働者と、愛国心に溢れる兵士を育成するためのシステムとして機能してきたという指摘もある。つまり、富国強兵の達成のために、学校教育は、国民を言語的に統一し、国民に一つの歴史物語を共有させるなど、国民の精神的な統一と愛国心育成の機能を果たしてきたという側面を有している。また、学校教育は、近代的な工場との類比に基づいて、子どもたちに暗黙のうちに規則正しく従順な態度を形成する機能を果たし、そのような機能を通じて、子どもたちを能力に応じて、産業社会における階層に選別するという役割を果たしているとも指摘されている。

イギリス：工場労働からの子どもの保護

　産業革命の発生に伴う工場での機械労働は、大量の未熟練の低賃金労働者を必要とした。熟練手工業者など成人男性の失業者が増加する一方で、低年齢の子どもたちが低賃金で長時間労働させられる工場労働者として使用されるようになった。また工業都市におけるスラムの発生や家庭崩壊によって、教育的な観点から子どもたちにはきわめて劣悪な環境が生み出された。

ロバート・オウエン（R. Owen, 1771〜1858）は、子どもの成長に対する良好な環境の整備、および教育を通じての貧困や犯罪の予防を主張した。オウエンは、低年齢の子どもの雇用や子どもの長時間労働の禁止、雇用主の子どもに対する基礎的な学習の機会の保証などを骨子とする工場法の制定を要求した。最初の工場法は 1802 年に制定され、子どもの教育に対する国家の責任が明確にされた。工場法はその後改正が重ねられてしだいに整備され、1833 年には雇用主に対して、13 歳未満の子どもには、1 日最低 2 時間学校へ出席させることが義務付けられた。

　一方、産業革命期のイギリスでは、キリスト教慈善主義の立場から民間団体の寄付によって民衆の子どものための学校が開設されていた。工場労働児を対象とした日曜学校や平日に行われる「助教制」学校があった。しかし、これらの学校は財政的に苦しく多くの教師を雇うことはできなかった。そのため、一人の教員が成績のよい年長児を「助教」として使用して、一度に大多数の子どもの学習を指導するという、「ベル=ランカスター方式」と呼ばれる指導法が採用されていた。この方式は、一般国民の子どもへの教育機会の量的な拡大に寄与した。

　その後、民間団体によって運営される学校への国庫補助は、しだいに増額されていく。それとともに国家によるそれら学校への監督権もしだいに強化されていく。そして、国家による公教育制度は、ケイ・シャトルワース（Key Shuttleworth, 1804〜1877）やフォースター（W. E. Forster, 1818〜1886）などの努力により、1870 年に「イングランドおよびウェールズにおける初等公教育を提供する法律」が公布された。1880 年に就学義務が確立し、1918 年に完全な無償が実現した。

フランス：革命理念の教育を通じての具現

　フランス革命において制定された 1791 年の憲法では、フランス国民に対する人権保障として、すべての国民が共通の教育を受けるための無償の教育制度の制定が公権力の責任として約束された。しかし、その後、公教育制度の制定のためのいくつかの法案が提出されたものの、いずれも革命後の政治的混乱の中で実現されるには至らないままで廃案となった。

コンドルセ（M. C. Condorcet, 1743～1794）は、教育のための制度や施設の整備は公権力の責任であると主張し、能力主義、単線型学校制度、男女共学、無償制、学校の全国均等配置、公教育の知育への限定、教育の政治や宗教からの独立を骨子とした教育法案を構想した。コンドルセ案は、政治的混乱の中で実現されなかったが、近代公教育制度の基本となる原則を示したものであった。また、啓蒙主義の立場から、教育を通じて人々に正しい知識が普及することにより、人々に合理的な精神が形成されて不合理な考えが捨て去られ、それにより人類の理性によって支配される歴史的段階が実現されると考えた。

その後、公教育大臣フェリー（F. C.Ferry, 1832～1893）により、1881 年の法律で公立小学校と幼稚園の無償が実現し、1882 年の法律で初等教育の義務制が実現し、また教科から「宗教」が削除された。

ドイツ：「上からの近代化」による臣民教育

ドイツは 30 年戦争（1618～48）の後遺症によって、イギリスやフランスに比較して産業が立ち遅れており、また 300 ほどの領邦国家に分かれていた。プロイセンでは、フリードリッヒ゠ヴィルヘルム 1 世（Friedrich Wilhelm Ⅰ，在位 1713-40）と啓蒙専制君主と呼ばれたフリードリッヒ 2 世（Friedrich Ⅱ，大王，在位 1740～86）によって、「上からの近代化」が推進され、忠良な臣民の育成という範囲において民衆の子どものための学校が開設された。

その後、1806 年の対ナポレオン戦争の敗北を契機としたプロイセン改革では、市民主義的゠自由主義的思想とドイツの国家統一に向けての愛国心が高まった。そして、フンボルト（K. W. Humboltd, 1767～1835）が宗教公教育局長官に就任し、ペスタロッチ主義に基づく自由主義的な国民教育法案（ジェーフェルン教育法案）が検討される。しかし、ウィーン会議後の反動によって実現されないままになった。そして、ドイツを統一したビスマルク（O. Bismarck, 1815～1898）によって、1872 年「一般諸規定」が制定されて、国民学校の制度と教育課程が成立し、同年の「学校監督法」によって学校と教会が分離され、さらに 1887 年に無償が実現した。

アメリカ：民主主義社会のリーダーと産業社会における実務家の育成

　アメリカでは、イギリスから宗教的自由を求めて移住してきた清教徒たちによって、マサチューセッツ州ではすでに 1642 年、1647 年に教育法が制定され、各集落に学校が設置されることが定められていた。しかし、その教育は清教徒の宗旨に基づく宗教教育であり、聖書を読めることに重点が置かれた。

　独立後、ジェファーソン（T. Jefferson, 1743～1826）は、教育の機会均等、公営の単線型学校制度、無償制、宗教からの中立を原則とする「知識の一般的普及に関する法案」を提出した。この法案は諸条件の未整備から実現には至らなかった。しかし、この法案では、第一に、教育の機会均等を保証することにより、出身家庭の経済力にかかわらず能力の優れた人が民主主義社会のリーダーとなれるようにすること、第二に、学校教育の目的を宗教的なものから、世俗における実務的な能力の育成に転換することが主張されていた。

　その後、マン（H. Mann, 1796～1859）によって構想された公営の無宗派、無償、義務制に基づく、地域のすべての子どもが共通に通うコモン・スクールが、マサチューセッツ州で 1852 年の義務就学の法律によって実現される。そして、バーナード（H. Barnard, 1881～1900）によって、同様の学校教育がコネチカット州、ロードアイランド州でも成立し、やがて全米に広がっていった。

　以上のように欧米各国の公教育制度は、それぞれの歴史的背景を背負いつつ 19 世紀の約 100 年をかけて成立した。しかし、いずれの国においても、当初の提唱から実現までには、①財政的な基盤の整備、②宗教界との相克、③伝統的な教育システムとの調整など、多くの課題が存在していた。近代国家において、国民教育の必要性は認識されていたものの、無償制の実現には産業を発展させることによる国家財政の裏打ちが不可欠であった。市民革命では王権神授説が否定された。しかし、国民に対する精神的な支配権を教会から近代的な世俗国家へと移すことには、伝統的な宗教界からの抵抗が大きかった。国民教育は国民を階級的に一体化することをめざすものであった。しかし、フランスとアメリカでは単線型の学校制度が採用されたものの、イギリスでは複線型の、ドイツでは分岐型の学校制度がその後も長く残された。

5　新教育運動の主張と展開

新教育運動の始まり：中等教育の改革

　19世紀後半の産業の発達によって、実務的な職務を知的に遂行できる人材が多数必要とされるようになった。しかし、多くの中等教育の学校では、依然としてラテン語などを中心とする伝統的な古典的教養教育に重点が置かれていた。

　新教育運動は、イギリスの中等教育の学校であるパブリックスクールのカリキュラム改革として始まった。レディー（C. Reddie, 1858～1932）は、1889年に全寮制のアボッツホルムの学校を設立し、実務に役立つ教科を中心にした教育を行った。一方、フランスでは、ドモラン（J-E. Domolins, 1852～1907）によって、ロッシュの学校が開設された。さらにドイツでは、アボッツホルムの学校で教師としての経験を積んだリーツ（H. Lietz, 1868～1919）が、自然環境の豊かなイルゼンブルクに全寮制の田園教育舎を設立し、教科の学習、労作、遊び、自治活動などに基づく全人教育をめざした教育活動を行った。リーツはそのような教育を通じて、誠実、真実、勇気、公平、寛容、道徳的純粋性を備えた倫理的な青少年の性格の形成をめざした。

初等教育、公立学校への広まり

　欧米各国の公教育制度はほぼ19世紀末に完成し、20世紀初頭には学校教育に関する「量的な整備」はほぼ遂げられた。しかし、多くの学校では、言語主義的な知識中心の、画一的・注入的な学習指導に留まっていた。また、子どもの人間性の開花や個性の尊重などに関する観念はなく、「強制学校」「懲罰学校」とも呼ばれる状況であった。

　このような学校教育に対して、ドイツのオットー（B. Otto, 1859～1933）は、学習活動を「子どもから」という発想に転換することを主張し、「合科教授」を提唱して自ら運営する家庭教師学校で実践した。オットーによれば子どもは「問う存在」であり、自らの認識衝動に基づいて探究活動を開始する。また子どもの興味は教科的には未分化であり、このため主体的な興味に基づく認識活

動から学習活動を開始する必要がある。さらに子どもたちに興味あるテーマについて話し合い活動をさせることを通じて、子どもたちに相互尊重や寛容性を育てることができると考えた。オットーの教育実践は公教育の範囲外で行われたものであったが、「合科教授」はワイマール期に学校教育において採用されることになる。

　また、ケルシェンシュタイナー（G. Kerschensteiner, 1854〜1932）は、ミュンヒェン市視学官として、学校で子どもたちに書物から知識を学ばせるだけではなく、自然や生活圏の探究を中心として学ばせる「実科」「世界科」を公立学校の教育課程に採用することを提案した。ケルシェンシュタイナーは、子どもたちが調理、栽培、飼育、工作、実験など、目的を持って事物を扱う労作活動を通じて、精神的・身体的能力の成長を遂げさせること、また、共に学ぶ仲間との共通の労作活動を通じて社会性を育成することをめざした。

アメリカにおける新教育運動の展開

　19世紀末のアメリカは、北部都市の産業化や移民の増大などに伴い、社会問題や人々の間での対立が深刻となった。民主主義・自由主義に関する新しい考え方が必要とされる状況が生み出されていた。

　デューイ（J. Dewey, 1859〜1952）は、学校教育を通じての社会改良をめざした。デューイは、民主主義社会の不可欠の要件を、人々の間でのコミュニケーションの充実に求めた。すなわち、社会的な問題の解決のための取り組みが、人々の協同によって行われることである。デューイにとって、民主主義社会の構成員とは、そのような協同的な取り組みに有能に参加できるコミュニケーション能力の所有者なのである。デューイは学校教育を通じて、このようなコミュニケーション能力を子どもたちに育成し、そのようにして子どもたちを民主主義社会における有能な構成員として育てることをめざした。デューイは、『学校と社会』『民主主義と教育』において、学校での教育活動を民主主義社会での生活と連続させることを主張した。

　デューイは、シカゴ大学に附属実験学校を設置して、現実世界において知的に行動する能力、および仲間と協同的に課題達成する活動への参加能力を子どもたちに育成する教育実践を試みた。デューイにとって「オキュペーション」

（しごと）とは、子どもが精神的・身体的な諸能力を主体的に集中して発揮する学習活動であり、そのような学習活動の経験を連続的に積み重ねることにより、子どもたちに知的な行動力が育成されると考えた。そして、そのような活動を、コミュニケーション豊かな協同的な活動として経験させることにより、子どもたちに協同的な活動への参加能力が育成されると考えた。デューイにとって「行うことにより学ぶ」とは、このような学習活動の経験を連続的に遂げさせることによる成長なのである。

キルパトリック（W. H.Kilpatrick, 1871～1965）は、デューイの学習指導の原理を「プロジェクト・メソッド」という形式で完成させた。プロジェクト・メソッドとは、子どもたちが自分たちで設定した、またその価値を自覚している課題の達成に向けて、子どもたち自身が全身全霊を打ち込んで取り組んでいく学習活動を指導する方法である。キルパトリックは、このような活動を通じて、子どもたちには目標の実現に向けて、自分の知性、態度、意志を一体として全力で働かせることのできる自己統制能力が育成され、それが価値ある生き方を実現する基礎的な能力になると主張した。

また、パーカースト（H. Parkhurst, 1887～1973）は、一斉授業による画一化の弊害を取り除き、自由、自主、協同の精神を育成するために、教師と生徒との契約に基づく個別学習指導の方法として、「ドルトン・プラン」を開発した。

現代に続く特色ある教育実践の学校

シュタイナー（R. Steiner, 1861～1925）、フレネ（C. Freinet, 1896～1966）、ニール（A. S.Nell, 1883～1973）は、それぞれ独自の人間観に基づいて子どもの成長について考察し、現代に引き継がれている特色ある教育実践を展開した。現在では、シュタイナー学校やフレネ教育は世界各地に広まり、また、ニールのサマーヒル学園もイギリスにおいて存続している。これらの教育実践は世界各地の多くの人々から強い支持と高い評価を得ている。

シュタイナーは第一次世界大戦の前後、ヨーロッパにおいて国家間の対立が深まる中、人々が国籍や民族、宗教、言語などの相違を越えて、自由に相互の文化を学び、また交流することのできる世界の在り方を主張し、偏見なく自他を相互に尊重できる人間の育成をめざした。シュタイナー学校では、教育は芸

術と考えられ、適切な時期に身体、感性、知性の成長を独特な方法で働きかける学習指導が行われている。フレネは子どもたちに自由作文を奨励し、それぞれの作文を相互に検討させてよりよい作品へと完成させ、印刷機を使用して印刷し、子どもたち独自の教材とするという活動を展開した。また、ニールは、子どもたちの問題行動の根底には、子どもの自然な感情に対する宗教的な不適切な権威的抑圧があると考えた。ニールは不適切な権威的抑圧から子どもを解放することの必要性を主張した。そして、授業への出席を強制することなく、また子どもたちと教師とが対等な立場で参加する集会活動を柱にした教育活動を展開した。そのようにして自他の自由を尊重することのできる人間の育成をめざした。

　いずれの教育においても、国家や宗教などの呪縛から個人を解放することがめざされ、伝統的学校におけるような教師の賞罰による権威的な支配は否定され、子どもたちの感情の解放と自主性が尊重されている。そして、偏見や外的な権威にとらわれず、自分自身でものごとを考えて、他者と相互に尊重し合い、共に生きることのできる人間の教育を理念とする実践が行われてきている。そのような意味で、自由の主体として生きる人間の育成をめざし、グローバルな世界において、またそれぞれの地域において、多様な他者とよりよく共生するための教育として、これらは現代的な意義を有する教育実践であるということができる。

第Ⅱ部　教育の実際と方法

第6章　日本の教育制度と行政

小松　茂久

1　学校教育制度

(1)　学校教育法一条校としての学校

　「学校」について、国語辞典は「一定の教育目的のもとで教師が児童・生徒・学生に組織的・計画的に教育を行う所、またその施設」（『広辞苑』第6版）と説明している。教育目的があり、教師と児童生徒がいて、組織的・計画的な教育を行う場としては、家庭教師を招いている自宅も学校になるであろうし、進学・補習を目的とした学習塾や習い事の施設も、学校と見なすことができる。ただし、現行法制上、「学校」とは学校教育法第1条に規定された幼稚園、小学校、中学校、高等学校、中等教育学校、特別支援学校、大学及び高等専門学校のことであり、通常はこれらの学校を「一条校」と呼んでいる。これらの学校の他にも、学校教育法の規定には専修学校や各種学校も含まれている。

　2019年時点で、全国に幼稚園は1万69園、小学校は1万9,738校、中学校は1万222校、高等学校は4,887校あるが、これらの数値は、児童生徒数の減少に伴う学校統廃合を主因として減少し続けている。ところが4年制大学の数は増加しており、1995年と比べると2019年時点で221校増加し786校ある。これは、短期大学から4年制大学への移行が相次いだことや、大学設置基準の規制緩和が大きく影響している。図6-1はわが国の学校系統図である。教育行政の重要な任務は、この学校制度を維持することと、制度改革を主導すること

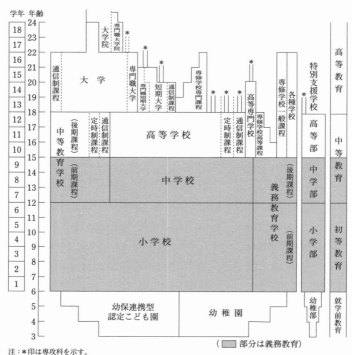

注：＊印は専攻科を示す。
出典：文部科学省「諸外国の教育統計」平成31（2019）年版、8頁（文部科学省HP
〈https://www.mext.go.jp/b_menu/toukei/data/syogaikoku/__icsFiles/afieldfile/2019/08/30/1415074_0_1.pdf〉より）

図6-1　日本の学校系統図

である。

　学校教育法は学校種ごとに「教育目的」を規定している。幼稚園は「義務教
育及びその後の教育の基礎を培うものとして、幼児を保育し、幼児の健やかな
成長のために適当な環境を与えて、その心身の発達を助長すること」（第22
条）を目的とし、小学校は「心身の発達に応じて、義務教育として行われる普
通教育のうち基礎的なものを施すこと」（第29条）、中学校は「小学校におけ
る教育の基礎の上に、心身の発達に応じて、義務教育として行われる普通教育
を施すこと」（第45条）となっている。小学校も中学校も普通教育を施すこと
になっている。普通教育とは小・中学校の場合、「各個人の有する能力を伸ば
しつつ社会において自立的に生きる基礎を培い、また、国家及び社会の形成者

として必要とされる基本的な資質を養う」（教育基本法第5条第2項）教育である。

　高等学校は「中学校における教育の基礎の上に、心身の発達及び進路に応じて、高度な普通教育及び専門教育を施すこと」（学校教育法第50条）を目的としている。高等学校は従来から設置されている、普通教育を主とする学科（普通科）、専門教育を主とする学科（工業、商業、農業などに関する学科）に加えて、1994年からは普通教育および専門教育を、選択履修を旨として総合的に施す学科である総合学科が設けられるようになり、2018年時点で375校にのぼっている。

　2016年度に新設された義務教育学校は、小学校課程から中学校課程まで義務教育を一貫して行う学校であり、2019年には94校が設置されている。カリキュラムの柔軟な編成などが可能であり文部科学省は設置を推進しているものの、制度化されて時がたっておらず、評価するには時期尚早である。

　中等教育学校は、義務教育として行われる普通教育ならびに高度な普通教育及び専門教育を一貫して施すことを目的に、1999年から設置されるようになった。中等教育学校が一つの学校で一体的に中高一貫教育を行うのに対して、併設型中・高等学校（同一の設置者による中学校と高等学校を接続）と連携型中・高等学校（既存の市町村立中学校と都道府県立高校が教育課程の編成や教員・生徒の交流など連携する）があり、3つのタイプの中高一貫教育校は2016年度時点で合わせて595校（中等教育学校52校、併設型461校、連携型82校）であり、2017年度以降に26校が設置予定となっている。

　大学は、学術の中心として、広く知識を授けるとともに、深く専門の学芸を教授研究し、知的、道徳的及び応用的能力を展開させることを目的とした学校である（学校教育法第83条第1項）。2017年の学校教育法改正によって、実践的な職業教育を担う新たな大学制度として専門職大学（短期大学）が設置され2019年の3校を皮切りにスタートし、今後の進展が見込まれる。

(2)　学校の設置

　学校は公の性質を持っているために、その設置者を、国、地方公共団体、法律に定める法人である学校法人の三者だけに限定している。各設置主体による

学校は国立学校、公立学校、私立学校と呼ばれる（学校教育法第2条）。なお、国や地方公共団体や学校法人といった学校設置者は学校の管理はむろんのこと、その経費も負担する（同法第5条）。

学校の設置に関して、市区町村は区域内にある学齢児童を就学させるに必要な小学校を設置しなければならない（同法第38条）ことになっている。この小学校の規定は中学校でも準用されており、市区町村は義務教育学校の設置義務を負っている。この学校設置義務は、憲法26条の国民の教育を受ける権利を保障する国の義務を履行する規定である。都道府県は特別支援学校の設置義務を負うものの、高等学校の設置義務は課されていない。ただし、歴史的経緯から、国公立学校の中で都道府県立学校が圧倒的多数を占めている。同じ公立でも市町村立高等学校は、数は少ないながらも存続し続けているし、近年は中高一貫校の設置にかかわって、都道府県立の中学校の設置が進められている。

学校を設置するために、学校の種類に応じて、文部科学大臣の定める設備・編制その他に関する設置基準の要件に従わなければならない。学校設置基準は公教育の水準を維持し、教育の機会均等を実現していくために、学校設置者に課せられた学校の設置・維持・運営の最低基準である。

(3) 学校制度改革

今日の学校制度改革として特筆すべきであると考えられるのは、学校設置主体ないし学校教育供給主体の多様化と学校選択制度の拡大である。

学校教育の供給主体は三者に限られていると上述したが、2003年以降になると、政府による規制緩和策として「教育特区制度」が導入され、株式会社やNPO法人も学校の設置主体として認められ、株式会社立学校は、すでに小学校から大学院まで設立運営されている。2019年時点で、23校の株式会社立学校のうち多くは高校（19校）が占め、そのほとんどは広域通信制、単位制を特色としている。

教育特区制度の目的は、株式会社やNPO法人の参入によって、わが国の学校教育の特徴を画一性から多様性に、硬直性から柔軟性に転換し、新規参入者のノウハウや特徴を既存の学校も受け入れ、相互のメリットを生かしながら、結果的に子どもに提供される教育の質の全般的な改善を果たそうとすることで

ある。ただし、学校設置基準を緩和したために学校環境が質的に低下する恐れがあるし、現実に改善指導や警告を受けた株式会社設置学校もある。また、新規参入の教育機関の責任は誰が担い、誰がパフォーマンスをチェックするのか、情報公開はどこまで徹底できるのかなどについて、さらに検討すべき課題が残ったままである。ただしこの課題は、既存の教育主体に対してもそのまま当てはまることがらでもある。

　義務教育機関である小・中学校への入学に関して、市区町村の教育委員会は保護者に対して、子どもの入学すべき特定の学校を指定し就学義務を果たすように求める。国立や私立の学校に通学する場合を除き、地理的および身体的な過度の負担や家庭環境などに関する保護者の申し立てに、相当な理由があると教育委員会が認める場合には、指定した学校を変更することができる。ただし、この区域外就学はこれまであくまでも例外的な措置として扱われてきた。ところが、2000年前後を境として全国的に学校選択制度が導入されるようになってきた。ここで言う学校選択制度とは、就学校指定の際に、保護者からの事前の意見聴取を踏まえて就学するべき学校の指定をすることである。文部科学省による2012年の調査によると、2校以上の小学校を置く自治体のうち何らかのタイプの学校選択制を導入している自治体は15.9％であり、同様に中学校では15.6％であり、これらの導入率は漸増している。なお、小・中学校とも学校選択制の実施を検討している自治体の数は、2006年調査と比べると激減している。

　学校選択制度の導入については、学校と地域との連携の弱体化、遠距離通学による登下校時の危険性の増加、学校の序列化などが懸念されている。同時に、公立学校教育制度への市場原理の導入によって学校間の競争が促進され、学校が活性化し、教育の質的向上がもたらされるといった期待も表明されている。学校選択制が導入されるには、個別の学校の教育目標、学校の特色、教科指導や児童生徒指導に関わって抱えている課題なども含めて、十全な学校の情報提供が従来にもまして必要となろう。こうした情報提供は、学校の専門性・自律性の名の下での、教育関係者による恣意的な学校運営を排除するための基礎的な条件であり、こうしたことがらへの配慮を抜きにした学校選択制度の導入は拙速であるとの批判を免れない。

2 社会教育・生涯学習制度

(1) 社会教育・生涯学習の考え方

　私たちが教育についてイメージする際に、真っ先に思い浮かぶのは子どもたちであろう。教育の対象として子どもが重要であることは事実であるが、子どもと並んで成人を対象とした教育も連綿と続けられてきている。わが国では、近代以降においてこれを通俗教育と呼び、今日においては、成人だけでなく、学校教育以外の子どもの教育をも含めて社会教育と呼んでいる。すなわち、社会教育とは「個人の要望や社会の要請にこたえ、社会において行われる教育」（教育基本法第12条）であるし、「学校の教育課程として行われる教育活動を除き、主として青少年及び成人に対して行われる組織的な教育活動（体育及びレクリエーションの活動を含む。）」（社会教育法第2条）でもある。

　戦前の社会教育が国民統合、民衆教化の手段となって第二次世界大戦に突き進んでいった反省を踏まえて、戦後は国と地方公共団体の任務として、すべての国民があらゆる機会、あらゆる場所を利用して、自ら実際生活に即する文化的教養を高め得るような環境を醸成すること（同法第3条）を求めており、個人の自主性・自発性を重視している。言い換えると、社会教育行政の目的は、住民の学習活動が活発に展開されるように諸条件を整備して学習の場所と機会を提供することである。そのために社会教育行政は、住民や社会教育関係団体などへの助成作用が中心となっており、決して住民に義務を課したり、行動を制約するなどの権力的、規制的な作用を及ぼすものではない。

　1960年代に入って高度経済成長が進展し、日本社会が大きな変動の嵐に飲み込まれるとともに、高校や大学への進学率が急上昇し、学校教育の急膨張がもたらされた。学校の中でも特に大学は収容数に限度があったことも手伝って、教育爆発の時代において、教育需要に応えるのは学校だけでなく、広く社会全体においても教育の場を提供できるし、提供すべきであるとする生涯教育の考え方が多くの人々をとらえるようになった。要するに、「いつでも、どこでも、だれでも」が各自の学習に取り組めるようになることで、学歴社会の弊害が是正されることも期待された。

社会教育審議会答申「急激な社会構造の変化に対処する社会教育のあり方について」(1971年)や中央教育審議会答申「生涯教育について」(1981年)の中で家庭教育、学校教育、社会教育の三者を有機的に統合する概念として、生涯教育が取り上げられるようになった。特に前者の答申はその後の社会教育を方向付けたという点で重要な提言を行っていた。すなわち、社会教育を国民の生活のあらゆる機会と場所において行われる、各種の学習を教育的に高める活動の総称として広く捉えたこと、家庭教育・学校教育・社会教育の役割分担と有機的な相互関連を提示したこと、社会教育に関連する団体活動や地域活動やボランティア活動の促進を訴えたこと、といった観点から見て画期的なものであった。

その後の1980年代半ばに設置された臨時教育審議会の答申では主要検討課題の一つとして「生涯学習体系への移行」が取り上げられ、生涯教育の概念は学習者の主体性を重視した「生涯学習」の用語に置き換えられつつ定着していった。

(2) 生涯学習振興法と生涯学習行政

1990年には「生涯学習の振興のための施策の推進体制等の整備に関する法律（生涯学習振興法）」が制定され、生涯学習体系を構築していくために、国と地方自治体の教育行政は積極的な役割を果たすことを求められた。すなわち、同法は、文部科学大臣の定める基準に即して、生涯学習推進のための体制を都道府県教育委員会が整備すること、都道府県が民間事業者の活用をも含んだ生涯学習支援を行うための地域生涯学習振興基本構想を作成すること、都道府県ごとに生涯学習審議会を設置することなどを定めている。

この結果、都道府県や市町村は、教育委員会の他に首長を長として、一般行政部局や関連団体や機関などが、人々の生涯にわたる学習を支援し奨励するために組織される生涯学習推進体制を整備していった。たとえば、生涯学習に関わる各種事業の企画立案、学習機会の提供、学習機会に関する情報の収集・整理・提供、学習環境の条件整備、学習需要等に関する調査研究、指導者への研修、関係機関や団体への支援などが都道府県の事業とされた。

1960年代や70年代における生涯教育に関する行政は、教育委員会の社会教

育行政の中で扱われていた。しかしいくつかの先進的な自治体で首長が地域の活性化や振興のために生涯教育に着目し、自治体の組織全体で取り組むようになり、結果的に教育委員会の所管から離れて、首長のリーダーシップの下で生涯教育行政を推進する自治体が散見されるようになった。また、自治体が生涯学習都市宣言を行ったり、教育委員会の社会教育部局の名称を「社会教育課」から「生涯学習課」に変えたりする事例も増えつつある。教育委員会主導であれ首長主導であれ、人々が自主的・自発的に学習活動を展開することのできる地域社会の形成を、生涯学習推進体制は目指している。なお、2006年に改正された教育基本法では、新たに「生涯学習の理念」の条項が付け加えられた。つまり、国民が「その生涯にわたって、あらゆる機会に、あらゆる場所において学習することができ、その成果を適切に生かすことのできる社会の実現」（第3条）を、生涯学習行政は目指している。

3　教育行財政の制度

(1)　国の教育行財政

　国の行政機関である内閣は、教育に関する法律案や教育予算案を審議し国会に提出するとともに、内閣総理大臣は教育に関する政治や政策、行政を決定する。提出された教育に関する法律案や予算案を審議・決定するのは国会である。教育政策の合憲性の判断や、教育法解釈をめぐる対立および多様な教育紛争を最終的に解決するのは裁判所の役割である。このように、立法、行政、司法のすべての国家機関は教育行財政に深く関わっている。

　児童福祉や職業能力開発を担当する厚生労働省、青少年の非行、犯罪、更正などの事務を担う法務省や、教育関係予算を編成する財務省など、多くの省庁の所掌事務には教育関連事項が含まれ、各種の教育行財政が決定・執行されている。しかし、文部科学省が国の教育行政機関として、もっとも重要な役割を果たしていることは言うまでもない。

　2001年に、旧文部省と総理府の外局であった旧科学技術庁が統合されて文部科学省が発足した。1999年に制定された文部科学省設置法で、文部科学省は「教育の振興及び生涯学習の推進を中核とした豊かな人間性を備えた創造的

な人材の育成、学術、スポーツ及び文化の振興並びに科学技術の総合的な振興を図るとともに、宗教に関する行政事務を適切に行うこと」（第3条）を任務とする国家機関となった。

　文部科学省の所掌事務として「豊かな人間性を備えた創造的な人材の育成のための教育改革に関すること」（同法第4条第1項）を初めとして93項目が列挙されている。これらの事務や権限は、通常、国が国民や地方公共団体の行為や活動に一定の義務を課したり制約を加えたりする規制作用、地方や学校法人の教育事業につき資料や情報の提供などによって支援・援助する助成作用、国がみずから教育事業を遂行する事業活動などに分類される。

　わが国の教育行政のあり方については文部科学省が深く関与しており、その関与のあり方が中央集権的であることに対して批判が続いている。文部科学省は国家こそ主体的に公教育を組織し実施する機関であると解釈する傾向が強いのに対して、国家は市民社会の教育にかかわる活動を支援することに限定して活動すべきであるとの意見が対立しており、この意見対立は学説や司法判断だけでなく、学校教育の具体的場面で生起する多様な局面においても表面化することが多い。

　1947年に制定された旧教育基本法は教育行政について次のように規定していた。「教育は、不当な支配に服することなく、国民全体に対し直接に責任を負って行われるべきもの」であるから「教育行政はこの自覚のもとに、教育の目的を遂行するに必要な諸条件の整備確立を目標として」行われるべきである。しかしながら、「不当な支配」や「国民全体に対し直接に責任を負って」などに関して、恒常的に論争が行われるとともに、裁判も相次いでいた。そこで、旧教育基本法の教育行政条項は2006年の同法改正によって大幅に修正された。第16条で教育行政は「国と地方公共団体との適切な役割分担及び相互の協力の下、公正かつ適正に行われなければならない」こと、国が「全国的な教育の機会均等と教育水準の維持向上を図るため、教育に関する施策を総合的に策定し、実施しなければならない」こと、国と地方公共団体は「教育が円滑かつ継続的に実施されるよう、必要な財政上の措置を講じなければならない」ことなどが規定された。

　1990年代後半から本格化した行財政改革の一環として、地方分権が政府の

重要な施策となってきており、教育に関しても、国と地方との役割分担の見直しが進んだ。1999年の地方分権一括法の制定による関係法令の改正が進み、教育財政の国庫補助・負担金の削減も行われた。象徴的であったのは、2006年の義務教育費国庫負担法の改正であり、教職員給与の国の負担率が2分の1から3分の1に縮小された。公教育費をどのように合理的・民主的に配分するのか、公教育費は国と地方とでいかなる割合で負担するのが望ましいのか、国の関与はどこまで認められるべきか、地方自治体の教育財政基盤はどのようにすれば強化できるのか、教育行政の地方分権のためには教育財政の再検討の余地は大きい。

　2009年9月に自由民主党から民主党に政権が交代し、教育行政に関しても大きな変化が予想された。なぜならば、民主党が衆議院議員選挙を通して、そしてその後の政権運営においても依拠している「マニフェスト」に文部科学省の廃止を含む国の教育行政制度の抜本的な見直しが明記されていたからである。ところが、2012年12月の自公連立安倍政権の成立によって国の教育行政のありかたは新たな方向性を目指し始めた。2013年に安倍首相の私的諮問機関として発足した教育再生実行会議は、精力的に会議を重ねて、2015年7月までの間に、わが国の教育の在り方を大きく変更する可能性のある提言を8回行っている。その中には、道徳の教科化、いじめ問題への対応、教育委員会制度の見直し、グローバル化に対応した教育の推進、大学改革、大学入試制度改革、6-3-3制の見直し、教員の養成・採用・研修の改革などが含まれ、政治主導による教育改革が着実に進められている。

(2)　地方の教育行財政

　地方における教育行財政の担当機関は教育委員会と首長である。つまり、地方公共団体には議決機関としての議会と執行機関としての知事・市町村長が置かれ、両機関とも公選であり、住民の代表機関として相互の牽制と均衡によって公正な行政運営を図る仕組みが取り入れられている。首長は教育関係の予算案・条例案などの議案作成と議会への提出や私立学校の設置・廃止の認可、私立学校への補助金交付といった教育財政についての事務を担当している。議会は教育機関の設置や職員の定数・給与などの条例の制定と改廃、予算の審議・

決定、決算の承認などで教育行財政に深く関わっている。

　教育委員会は、首長が執行する事務以外のすべての事務を所掌する、地方教育行政における合議制の行政委員会である。行政委員会は一定の立法権や司法権を持つことができ、そのために教育委員会規則の制定権が与えられている。教育委員会は狭義には教育委員からなる合議体を指し、広義には教育長と事務局も含める。

　教育委員会制度は戦後教育改革の一環として、地方教育行政の民主性、分権性、独立性、専門性の原理を実質化することを期待されて、わが国に導入された。教育委員会の民主性を担保するために、委員の直接公選制が当初は取り入れられたものの、現在では自治体首長による任命制になっている。素人教育委員と専門家教育長との抑制と均衡の原理は、すでに市区町村や都道府県の教育長が委員を兼務していることから、この原理の実効性は疑わしい。教育委員会制度が教育の地方分権を体現するための制度であると観念されながらも、文部科学省を頂点とする縦割り行政システムによって、教育の地方自治の確立は困難となっていることは、常に指摘されている。教育の中立性や継続性を確保するために、教育行政の一般行政からの独立が唱えられてきているが、生涯学習行政や文化行政の推進を図るために、教育委員会と首長部局との調整が必要とされ、首長が教育行政をも包摂できる総合行政化が強く求められるようになっている。専門性については、教育長の免許状制度が撤廃されて久しいし、都道府県や政令指定都市の教育長は教育専門家よりも一般行政職出身者の方が多く着任しており、したがって、教育行政における専門性が担保されているとは言いがたい。

　1999年の地方分権一括法の制定をはじめとした地方分権の推進は、教育行財政においても機関委任事務の廃止、地方に対する国の関与の見直し、地方への権限委譲の推進、必置規制の見直しなどが進められた。国－都道府県教育委員会－市区町村教育委員会－公立学校、の権限関係を定めている地方教育行政の組織及び運営に関する法律は、近年では1999年と2007年に改正されている。ただし両改正とも一貫して分権化を目指した改正であったとは言いにくい。

　2011年に発生した大津市のいじめ自殺事件を直接的な契機として、教育委員会の責任と権限の曖昧性について厳しく問われ、教育委員会廃止論を含んだ

抜本的な地方教育行政制度の改革が唱えられるようになった。具体的には、教育再生実行会議による第2次提言、中央教育審議会の答申、2014年6月の地方教育行政法改正を経て、教育委員長と教育長を一本化した「新教育長」を設置し、全自治体に首長が招集し首長と教育委員からなる「総合教育会議」を設置して教育行政の大綱を策定することなどが盛り込まれた。これらの制度改革の眼目は、大綱の策定や総合教育会議を通して首長と教育委員会の、教育行政に関する責任体制の明確化を図ることであった。

　戦後教育行財政の根本的改革からすでに70年以上が経過し、その間に社会的、経済的、政治的な変化とともに教育制度も大きく変容を遂げている。文部科学省はむろんのこと、地方教育行政を担う教育委員会制度が果たしてきた役割の総括、つまり、これらの機関の任務遂行に関する功罪の検討を抜きにした両機関の廃止を拙速に行うことは慎むべきであろう。と同時に、既存の制度を金科玉条のごとくに墨守し、新たな教育制度および教育行財政構想を描けない、あるいは描かない態度も否定されるべきである。既存の教育官僚や教育関係者の利害を優先するのではなく、独善的なイデオロギーに振り回されるのでもなく、「誰のための教育制度や教育行政なのか」について常に立ち返りつつ、教育に関わるさまざまな利害関係者の意志や意見を糾合しながら、今後の中央・地方の教育行政のあり方が検討されるべきである。

第7章　主要国の学校制度と教育改革

長島　啓記

1　主要国の学校制度

学校制度の類型

　日本の学校制度は、6 – 3 – 3の単線型といわれる。これは第二次世界大戦後にアメリカの影響を強く受けて出来上がったものであるが、各国の学校制度をみると、6 – 3 – 3制以外に8 – 4制、5 – 4 – 3制など、多様である。

　このような多様な学校制度をみる際、「複線型」「分岐型」「単線型」という学校体系の歴史的類型を理解しておくとよい。また、ヨーロッパ各国が典型であるが、学校の成立に際して、初めに大学ができ、その大学に入るための予備学校が設立されるというように、下に向かって学校が成立してきたタイプ（「下構型」）と、民衆のための読み・書き・計算（3R's）を主とする小学校（民衆学校）がまず出来上がり、それに続く、より上級の内容や職業準備のための教育を行う学校が設置されてきたタイプ（「上構型」）の、2つがあったことを知っておくのも有効である。

　下構型の学校体系と上構型の学校体系が並存し、互いに行き来ができないように存在しているのが複線型、機会均等の観点から、その初等教育の段階を共通にしたのが分岐型、中等教育段階においても区分をなくしたのが単線型ということになる。純粋の複線型や分岐型はあまりみられないが、歴史的には複線型から分岐型へ、分岐型から単線型へと発展してきた。

ドイツの学校制度は、現在でも分岐型の
性格を残している。ヨーロッパの各国は、
1960年代、70年代まで、前期中等学校が
複数の種類に分かれる分岐型の制度をとる
国が多かったが、それ以降、中等学校を一
本化する動きが進展し、今日に至っている。
その一方で、アメリカのように、学校制度
が創設された当初から単線型であった国も

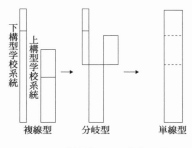

図7-1　学校体系の歴史的類型

ある。次に、アメリカなど7か国の学校制度を概観しよう。

アメリカの学校制度

　義務教育は、各州が法令により規定している。義務教育の開始年齢と期間は

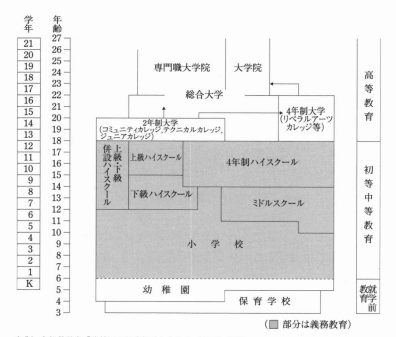

（■部分は義務教育）

出典）文部科学省「諸外国の教育統計」令和3（2021）年版

図7-2　アメリカ合衆国の学校系統図

州により異なっている。7歳を開始年齢とする州が多いが、実際にはほとんど6歳で就学している。義務教育の年限は9年、10年、11年、12年と州により多様であるが、12年とする州が多い。学校制度は、州によるだけでなく、学区（school district、地方教育行政のための特別区域）によっても異なっており、6－3－3制、6－6制、8－4制、4－4－4制などがあるが、現在は5－3－4制が一般的である（図7-2）。

　ハイスクールは、総合制である。入学試験は行われず、無償である。生徒は多様な科目の中から一定の基準の下に選択履修していく。大学への入学は、ハイスクールでの成績や、在学中に受ける大学進学適性テスト（SAT）の得点、内申書などにより決定される。日本におけるように、各大学が筆記試験を行って入学者を決定することはない。入学の方式により、①ハイスクールの卒業資格を有する者には入学を認める開放型（Open）、②一定の基準以上のハイスクールの成績を収めている者に入学を認める基準以上入学型（Selective）、③ハイスクールの成績などにより選抜が行われる競争型（Competitive）と分類することができ、それぞれ、コミュニティ・カレッジ、多くの州立大学、有名私立大学と一部の州立大学が該当する。なお、大学の入学事務を取り扱う部門はアドミッション・オフィスといわれ、専門の職員（アドミッション・オフィサー）が配置されている。

イギリスの学校制度

　イギリス（連合王国）は、イングランド、ウェールズ、スコットランド、北アイルランドから構成されるが、それぞれに教育を所管する省が設けられており、学校制度も若干の相違がある。図7-3はイングランドの学校制度である。

　義務教育は5歳に始まり、16歳までの11年である。初等学校は6年制であり、前期2年と後期4年に分かれている。中等学校は、かつてはグラマースクール、テクニカルスクール、モダンスクールに分かれ、11歳のときに行われる試験によって振り分けられていたが、1960年代に、一部の地域を除き、その区分がなくなり、無選抜の総合制中等学校（コンプリヘンシブスクール）となった。また、伝統ある独立（私立）学校として、エリート育成の機関ともなっているイートン校やラグビー校などのパブリックスクールが設けられている。

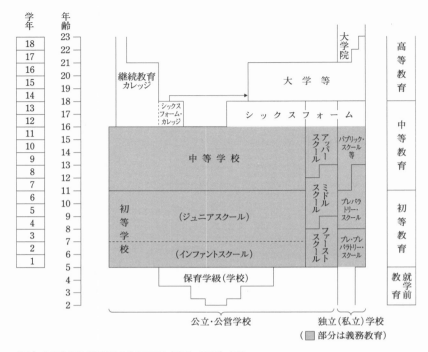

図7-3　イギリスの学校系統図

イギリスの学校には卒業証書がない。義務教育の終了時（第11学年、16歳）に行われるGCSE試験、後期中等教育の終了時（第13学年、18歳）に行われるGCE・Aレベル試験の成績が、資格となっていく。大学入学に際しても、基本となるのはこの資格試験の成績であり、各大学が個別に筆記試験を行うことはない。

フランスの学校制度

　フランスの義務教育は、3歳に始まり、16歳までの13年である。無償の就学前教育が保障されていることなどから、幼稚園（3〜5歳）の就園率はほぼ100%である。小学校（5年制）からコレージュ（4年制）を経て、生徒はリセや職業リセに進む（図7-4）。リセ（3年制）の修了時に、リセの修了資格であ

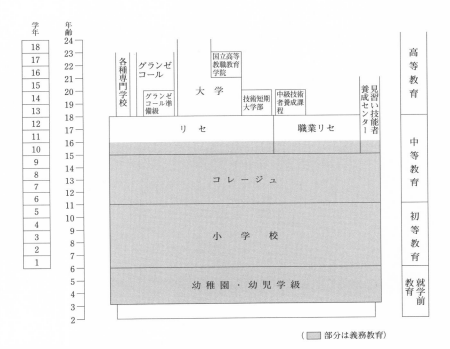

学年	年齢
18	24
17	23
16	22
15	21
14	20
13	19
12	18
11	17
10	16
9	15
8	14
7	13
6	12
5	11
4	10
3	9
2	8
1	7
	6
	5
	4
	3
	2

各種専門学校　グランゼコール　グランゼコール準備級　大学　国立高等教職教育学院　技術短期大学部　中級技術者養成課程　見習い技能者養成センター

リ　セ　　職業リセ

コ レ ー ジ ュ

小　学　校

幼　稚　園・幼児学級

高等教育　中等教育　初等教育　就学前教育

（▨部分は義務教育）

出典）文部科学省「諸外国の教育統計」令和3（2021）年版

図7-4　フランスの学校系統

ると同時に大学入学資格でもあるバカロレアを取得するための試験が行われる。バカロレアを取得した者は、原則として、希望する大学に進学することができる。なお、高等教育機関として、大学のほかに、エリート養成機関として知られるグランゼコールが設けられている。選抜試験を経て入学する国立行政学院（ENA）、エコール・ポリテクニーク、高等師範学校など、グランゼコールの権威は高い。

ドイツの学校制度

　1990年に統一して16州から構成されることになったドイツは、教育に関する権限を各州が有している。各州に文部省が設けられており、学校制度も州により若干異なっている。義務教育についても、多くの州では6歳から15歳ま

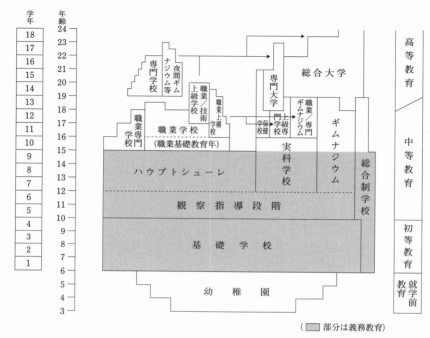

出典）文部科学省「諸外国の教育統計」令和3（2021）年版

図7-5　ドイツの学校系統図

での9年であるが、一部の州では6歳から16歳までの10年となっている。初等教育は4年制（一部の州では6年制）の基礎学校で行われ、それに続く中等学校は、生徒の能力・適性に応じて、5年制のハウプトシューレ（基幹学校）、6年制の実科学校、8(9)年制のギムナジウムに分かれる（図7-5）。ハウプトシューレを修了した生徒の多くは、企業と職業学校における二本立ての職業教育・訓練（デュアル・システム）を受け、資格を取得し、職業に就く。多様な職業教育訓練機関が設けられていることも特徴のひとつである。大学に進学しようとする生徒はギムナジウムに進むが、最終学年に行われる試験と平常の成績との総合評価により取得することができるアビトゥアは、ギムナジウムの修了資格であると同時に大学入学資格である。アビトゥアを取得すると、定員に空きがある限り、希望する大学に入学することができる。

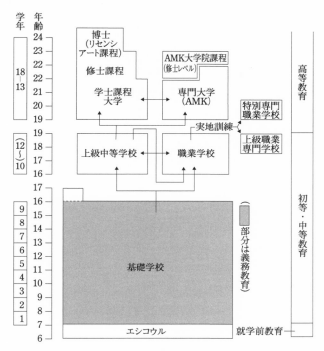

出典）二宮皓編著『新版　世界の学校』学事出版、2014 年

図7-6　フィンランドの学校系統図

フィンランドの学校制度

　OECD の「生徒の学習到達度調査」（PISA）の結果によって、一躍世界的に
注目されるようになったフィンランドの学校制度を図7-6 に示した。1998 年
の法律改正（1999 年施行）により、初等教育段階（第1 〜 6 学年）と前期中等
教育段階（第7 〜 9 学年）の区分がなくなり、9 年一貫制となった。なお、基
礎学校の第10 学年は、基礎学校の教育内容を十分に習得していないなどの場
合、任意に在学することができる。後期中等教育段階には、上級中等学校と職
業学校が設けられている。高等教育機関に進学するには、後期中等教育段階の
生徒を対象にして行われる大学入学資格試験に合格したうえで、高等教育機関
が行う個別の試験に合格するのが一般的である。

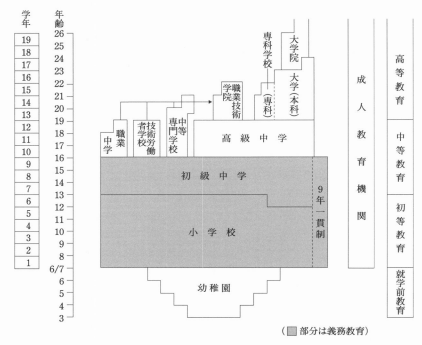

出典）文部科学省「諸外国の教育統計」令和3（2021）年版

図7-7　中国の学校系統図

中国の学校制度

　中国の学校制度は、6－3－3制で始まった。文化大革命（1966～1976年）の際に就業年限が短縮され、5－2－2制、5－3－2制などが導入されたが、文化大革命終了後に6－3－3制が復活した（図7-7）。農村部などで、5年制小学校が残っている。6歳就学で9年間の義務教育について定めた義務教育法は、1986年に制定された。大学受験の競争が厳しいことで知られる中国では、推薦入学の導入など選抜方法の改革が重ねられてきたが、全国統一入学試験の成績が基本とされ、一部の大学で推薦入試や独自の事前選抜制度が導入されている。

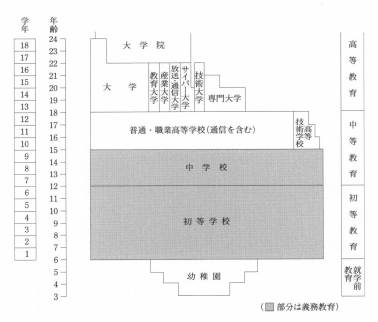

出典）文部科学省「諸外国の教育統計」令和3（2021）年版

図7-8　韓国の学校系統図

韓国の学校制度

　韓国の学校制度は6－3－3制であり、初等学校、中学校、高等学校（普通高等学校、職業高等学校）から構成される（図7-8）。義務教育は6～15歳の9年間である。高等学校への進学に際して、1970年代に導入された「平準化政策」により、入学試験は行われず、公立と私立を含む学区内の学校に抽選により配置するという方式がとられている。大学への入学は、共通試験である大学修学能力試験の成績と内申書などにより決定される。

2　主要国の教育改革

　世界の各国では多様な教育改革が進められている。第二次世界大戦後のアメリカ、イギリス、フランス、ドイツにおける教育改革の動向を概観する。

1950・60 年代

　第二次世界大戦後、教育が拡大したことに伴い、各国で学校制度や教育課程に関する改革が進められた。イギリスでは戦時中の 1944 年に戦後の教育制度の基本的枠組を定めた教育法（1944 年教育法、バトラー法）が制定されており、フランスでは 1947 年のランジュヴァン改革により戦後の教育再建の基本原則が定められるなどの動きはあったが、各国で教育改革の方向が顕著になったのは 1950 年代後半からである。

　1960 年代は「教育爆発」の時代といわれた。1960 年代の日本は高度経済成長の時代であったが、世界各国で経済の成長は著しく、民主化の進展と相まって、教育人口が爆発的に増大し、施設設備の拡充、教員の増加が求められた。

　この時期の改革を学校制度の面からみると、イギリスやフランス、ドイツでは、前期中等教育段階を中心とした制度改革が進められた。イギリスでは、1944 年教育法に基づくグラマースクール、テクニカルスクール、モダンスクールの分岐型制度が、労働党政権時の 1965 年の教育科学大臣の通達により、総合制学校（コンプリヘンシブスクール）に一本化される措置が開始された。それに伴い、中等学校への振り分けのために初等学校終了時に行われる試験（11 歳試験）は廃止された。フランスでは、1959 年のいわゆるベルトワン改革に基づき、進路指導のための「観察課程」（前期中等教育段階の最初の 2 年間）が設けられた。ドイツでは、州による学校制度の違いを調整するために 1955 年に各州間の協定（デュッセルドルフ協定）が締結され、この協定が 1964 年に改訂されて（ハンブルク協定）、現在の学校制度の基本的枠組が定められた。

　この時期の改革を教育課程の面からみると、アメリカでは、1957 年にソ連が世界最初の人工衛星を打ち上げたことによる「スプートニク・ショック」により、理数系カリキュラムの改革、いわゆる教育内容の「現代化」が行われた。フランスでは 1969 年に、国語・算数などの知的教科は午前中に、社会・理科などの授業は午後に行うようにし（二区分教授法）、さらに体育を分ける三区分教授法が導入された。

1970 年代

　アメリカでは、1970 年代は「教育危機」の時代といわれた。学校教育の非

人間性が批判され、ホルトやグッドマンらが、ラディカルな批判を展開した。シルバーマンの『教室の危機』（1970年）はベストセラーとなり、日本を含む多くの国で翻訳された。このような学校批判から、伝統的な学校システムに代わるオルタナティブ・スクール（オープンスクール、フリースクールなど）が設けられた。

　1960年代後半から70年代半ばにかけてのヨーロッパ各国における教育改革は、その時期に新たに計画されたというよりは、1950年代、60年代を通して、あるいはそれ以前から計画され、部分的に実施されてきたものの再検討や全面的実施という性格を有するものであった。イギリスでは、70年代半ばに労働党のキャラハン首相により教育問題に関する大討論（The Great Debate in Education）が行われた。フランスでは、1975年にアビ文相が初等中等教育の再編制を目的として「初等・中等教育基本法」を公布した。同法およびそれに関連する一連の施策は「アビ改革」と称されたが、この改革により、前期中等教育は、①7年制リセの第1〜4学年、②普通教育コレージュ（4年制）、③中等教育コレージュ（4年制）から、コレージュに一本化された（統一コレージュ）。ドイツでは1970年にドイツ教育審議会による「教育制度に関する構造計画」、1973年に連邦・各州教育計画委員会による「教育総合計画」が示され、教育改革に関する議論が高まりをみせたが、実施に移されたものは少なかった。

1980・90年代

　1980年代、90年代の各国の教育改革は、経済競争の激化、科学技術の急速な発展、グローバル化の進展など、社会・経済の変化という共通の背景に立ちつつも、各国固有の事情に基づき進められてきた。経済の国際競争力の低下に直面したアメリカやイギリスでは、学力の低下が深刻な問題とされ、教育内容・方法の共通性や基準性の強化が図られた。競争力向上の目標とされたのは日本やドイツであった。

　アメリカでは、教育に関する主な権限は州および学区にあり、連邦政府の権限はきわめて限られている。しかし、経済面での国際競争力の低下の懸念やアメリカの将来に対する不安が広まった1980年代に、連邦政府主導による教育改革が進められた。その出発点となったのは、1983年に連邦教育省長官の諮

問委員会により公表された報告書『危機に立つ国家（A Nation At Risk）』であった。報告書は、17 歳人口の 13％が日常生活に必要な読み書き能力に欠けていること、大学進学適性テスト（SAT）の平均得点が 1963 年以降低下し続けていることなどを示し、危機を訴えた。全米的な教育改革の必要性が意識されるようになり、1989 年には共和党のブッシュ大統領が全米 50 州の知事を招き、初めての「教育サミット」を開催し、共通の教育目標を定めることが合意された。翌 1990 年、全米知事会は、ハイスクールの卒業率を 90％以上へ引き上げるなど 6 つの目標を定めた「全国共通教育目標（National Goals）」を発表した。続く民主党のクリントン大統領は、同様の教育政策を継続し、1994 年に教育改革の振興について「2000 年の目標：アメリカ教育法」を制定した。

　「英国病」と呼ばれる経済の停滞や社会の活力低下が問題となったイギリスでは、1979 年に就任したサッチャー首相（保守党）が教育の質の向上を目的とする大胆な改革を進め、1988 年に「教育改革法」を制定した。同法は、初等中等教育から高等教育に及ぶ広範な改革事項を規定している。イギリスは、日本のような学習指導要領が設けられておらず、各学校の教員が教育課程を編成することで知られていた。しかし、1970 年代から生徒の学力低下に対する懸念が広まっており、その要因として教育内容に関する全国的基準が欠如していることなどが挙げられていた。1988 年教育改革法により、「全国共通カリキュラム（National Curriculum）」を定める権限が教育大臣に与えられ、1989 年から導入された。当初、英語、数学および理科の 3 教科が中核教科とされ、これに歴史、地理、技術、音楽、美術、体育、外国語（中等教育段階のみ）を加えた 10 教科が必修教科とされ、その後、情報や公民（Citizenship Education）が必修教科とされた。

　そのほか、1988 年教育改革法では、親の学校選択を拡大するために各学校の定員を最大限にすることなどが定められた。学校の運営責任について各学校の学校理事会（school governing body）が予算の運用や教職員の任用について強い権限を有することは、「自主的学校運営（Local Management of Schools）」といわれる。1997 年に保守党政権に代わり政権についた労働党のブレア首相は、最重要課題を「教育、教育そして教育」と訴え、教育水準の向上を目指す取組を続けた。

フランスでは、1980 年代、経済競争力向上のための人材育成が課題とされ、社会党政権は教育を最優先課題に掲げた。教育水準の向上と教育規模の拡大が目標とされ、1989 年にそれまでのアビ法（初等中等教育基本法）に代わる新しい教育基本法（「ジョスパン法」）が制定された。同法は、教育を国の最優先課題とし、改革の具体的目標として、2000 年までに生徒の 80% をバカロレア水準（後期中等教育最終学年への進級）に到達させることなどを掲げた。

　1980 年代のドイツは、経済が好調だったこともあり、アメリカやイギリスなどに比べると教育改革、とりわけ初等中等教育の改革が大きなテーマとなることはなかった。1990 年のドイツ統一は、西ドイツ（ドイツ連邦共和国）が東ドイツ（ドイツ民主共和国）を吸収合併するというかたちで行われ、教育面からみると、社会主義教育の行われていた旧東ドイツ地域の教育を西ドイツの教育の方式に転換させる一大事業であった。旧東ドイツ地域各州に文部省が設けられ、連邦政府と旧西ドイツ地域各州の協力を得ながら、教育制度の再編が行われたが、基本とされたのは前述のハンブルク協定であった。1990 年代を通じて財政事情の悪化や失業の増加などが続き、旧東ドイツ地域では出生数の減少による児童生徒数の急激な減少という問題も生じた。

2000・2010 年代

　1990 年代に学力向上を目指したアメリカでは、各州や専門団体が各教科の教育内容と到達目標に関する「教育スタンダード」を設定し、共通テストを実施するという改革が進められた。2002 年には、ブッシュ大統領が児童生徒の全般的な学力の向上と、貧困地域出身者やマイノリティの成績格差を縮小することなどを目的とした法律、通称「落ちこぼれをつくらないための初等中等教育法（No Child Left Behind Act）」を制定した。同法は、1965 年に制定されて以降改正が繰り返されてきた初等中等教育法の改正法であり、州内統一学力テストを実施し、その結果を公表する州に連邦補助金を交付することなどを定めている。また、2007 年には、理数教育の拡充などを内容とする「アメリカ競争力強化法」が制定された。

　教育スタンダードは各州共通のものが求められるようになり、2010 年 6 月に全米州知事会と州教育長協議会が中心となって作成された英語と数学の共通

基礎スタンダード（コモン・コア）が、2013年4月にはカリフォルニア州など26州が関係団体の協力を得て作成した理科の教育スタンダードが公表された。また、初等中等教育法の改正として、2015年12月、「すべての児童・生徒が成功するための法律（Every Student Succeeds Act）」が成立し、教育上めぐまれない地域への支援など多様な財政支援事業が規定された。そのほか、アカウンタビリティに基づく学校運営の一つの形態であり、保護者や教員、地域団体に学校の設置を認め公費で運営されるチャータースクールも増加している。

　イギリスでは、ブレア労働党政権が、コミュニティや教育関係者のパートナーシップを強調し、教育水準の向上を目指す取組を続けた。2007年にブレア首相に代わって政権についたブラウン首相は、それまでの教育技能省を、初等中等教育を主として所管する「子ども学校家庭省」と、高等教育・研究を主として所管する「研究大学技能省」に分割するなどの改革を行った。1997年から13年間続いた労働党政権に代わり、2010年5月、キャメロン首相による保守党と自由民主党による連立政権が誕生した。同年7月、新しい学校の設置・管理運営を可能にする「アカデミー法（Academies Act 2010）」が成立し、地方当局の管理を離れ、全国共通カリキュラムに準拠する義務を有しないなど、従来の公費維持学校とは異なる公営独立学校の設置が可能となり、以後、公費維持学校から「アカデミー」への転換が急速に進んだ。また、保護者や教員を含む様々な組織・団体に設置を認め、公費により維持される「フリースクール」も増加している。全国共通カリキュラムは初等学校における外国語の必修教科化などの改訂が行われ、2014年秋から実施されている。

　フランスでは、地方分権化が進められてはいるが、国民教育省を中心とした集権的な教育行政が行われている。教育課程の基準として学習指導要領が設けられているが、2002年から実施されている学習指導要領では、小学校では読み書き指導や公民教育が徹底されるようになっている。また、フィヨン内閣は、2005年に「学校基本計画法」（フィヨン法）を制定し、義務教育段階における児童生徒全員への基礎学力の保障を目的として、義務教育段階で習得を保障すべき「共通基礎知識技能」を政令で定めることなどを規定した。2012年5月に就任したオランド大統領はフィヨン法の見直しを進め、2013年7月、「2013年学校基本計画法（ベイヨン法）」を成立させた。同法は、就学前教育の充実、

小学校第1学年からの外国語の必修化、小学校とコレージュの接続の強化などを内容としている。2017年5月にはマクロン大統領が就任、2019年度から義務教育開始年齢が6歳から3歳に引き下げられ、幼稚園への就園が義務化された。なお、2008年度から幼稚園・小学校では学校週4日制（月・火・木・金）が可能となっていたが、2013年度には学校週4日半制（月・火・水（午前）・木・金）が導入され、さらに2017年度からは週4日半制を原則とし、週4日制も可能とされている。

　1995年に国際教育到達度評価学会（IEA）により実施された「第3回国際数学・理科教育調査」（TIMSS、2003年調査以降は「国際数学・理科教育動向調査」）の結果が振るわず、「TIMSSショック」を経験したドイツでは、2000年に実施され、2001年に結果が公表された経済協力開発機構（OECD）による「生徒の学習到達度調査」（PISA）の成績が惨憺たる結果となり、「PISAショック」ということばが氾濫することとなった。各州の教育に関する調整機関である常設各州文部大臣会議は、2001年12月に7つの分野（①就学前段階からの言語能力の改善、②就学前教育と基礎学校の接続の改善、③基礎学校における読解力、数学・科学の教育の改善、④教育的に不利な条件を負う子どもたち、移民家庭の子どもたちへの支援、⑤教育スタンダードおよび評価に基づく授業の質の発展・確保、⑥教員の専門性、診断的・方法的能力における専門性の改善、⑦終日の教育の支援・拡充）の改革に優先的に取り組むことに合意した。

　その後、ニューパブリックマネジメント（NPM）の手法を用いた改革が進められ、各州文部大臣会議は2003年12月に中級修了証（第10学年）のドイツ語と数学と第一外国語（英語・仏語）、2004年10月に初等段階（第4学年）のドイツ語と数学、ハウプトシューレ修了証（第9学年）のドイツ語と数学と外国語（英語・仏語）、同年12月に中級修了証（第10学年）の生物と化学と物理、2012年10月に一般的大学入学資格のためのドイツ語と数学と外国語（英語・仏語）の教育スタンダードを公表した。教育スタンダードの内容は各州が作成する学習指導要領に反映するものとされ、それに基づく教育の成果は州間比較や、州による学習状況調査、国際学力調査などにより確認される。また、社会的に不利な状況にある家庭の子どもを支援するなどのために、午後も学校を開く「終日学校」も拡大している。

第8章　学校と教師

油布　佐和子

社会の変化とともに、近代公教育としての学校の役割も転換点を迎えている。本章では、その変化を俯瞰し、教育の担い手たる教師の役割を考える。

1　近代公教育の行き詰まり

近代公教育は、ヨーロッパで民主主義や資本主義の長い前史を経て、19世紀に近代国家の誕生とともに成立した。日本では、明治政府による上からの国家施策として、1972（明治5）年に学制が発布されたことに始まる。民主主義・資本主義の姿もない時期に唐突に表れたこの制度は、「学校打ちこわし」事件にみるように、明治初期の人々には受け入れがたいものであった。しかしながら、「立身出世」「故郷に錦を飾る」という言葉にみられるように、明治後期には、学校を通じての社会的上昇移動が可視化した。その後日本の学校制度は大きく変わったものの、1945（昭和20）年以降、学校へ通うこと自体は、望ましいこと・良いことであるという「常識」が長く共有された。

ただし1980年代に入ると、「近代公教育」の行き詰まりが語られるようなる。

まず何よりも、学校に通う子どもたち自身に変化が表れた。校内暴力や対教師暴力等の学校への抵抗・破壊、あるいは学校に背を向けた不登校など、いわゆる教育問題が頻発するようになった。また、この間に学校は「だらしのない収容所」といわれるようになり（小浜『子供は親が教育しろ！』草思社　1997）、情報化・消費社会を背景として、その文化になじんだ子どもたちが、勤勉・努

力・忍耐といった学校的価値から離反していった。同時に、知識や学ぶことの価値自体も低下する。知らないことは恥ずかしいことではなく、「知らないことはなかったことにする」子どもたちの「下流志向」も顕著になった（内田『下流志向』講談社　2009）。一方では、近代公教育を担ってきた近代国家が、福祉や教育といった〈お金のかかる〉領域から撤退を始めた。近代と共に誕生した公教育制度の制度疲労が始まったのである。

2　近代公教育〈後〉に向かう改革

新自由主義的改革

　近代公教育の行き詰まりをどのようにすればよいか。転機となったのは1984年の臨時教育審議会であり、その後の教育改革の流れを作った。臨教審では、それまでの教育が中央集権的で画一的だという批判を受け、教育の自由化や、国際化・情報化に向けた改革を提言するとともに、これを担ってきた国家の関与について、その原則を大きく変えた。すなわち、教育や福祉などのあらゆる社会生活を保障する「福祉国家」の見直しを掲げ、規制緩和と市場原理を導入することにしたのである。

　1999年以降は、「教育改革国民会議」「教育再生会議」「教育再生懇談会」「教育再生実行会議」等の審議会とその答申が教育改革に弾みをつけるようになった。ところで、臨教審を除けば、こうした内閣直属の審議会は設置の法的な根拠がない。元来、教育政策は「中央教育審議会」の議論を踏まえ政策決定へとつながっていたが、こうした従来の意思決定を「超えて」政策審議がされることになり、時の政権の教育への考え方が一層強く改革に反映されるようになったのである。それは、教育基本法に日本の伝統や文化の尊重や郷土を愛する条文が付加されたり、道徳の教科化などの例にみることができる。現代の教育改革は、このように極めて〈政治主導的〉である。

　また、「市場の競争によってよいものが残る」という古典的な経済の自由主義を、あらゆる領域に適用する「新自由主義」にのっとっている点で特徴がある。2001年からの小泉内閣では「聖域なき構造改革」という言葉がよく使われたが、教育や福祉などの領域にも例外なく競争と市場原理が導入された。た

だし、国家財政のひっ迫を背景とした「小さな政府」の考え方は、国家の様々な領域への国家統制を弱めるわけではない。競争における評価は国が査定することから、国は支出を増やすことなく、統制の機能を保持することができる。大学の法人化とその後の高等教育改革に顕著だが、国は評価国家となって、教育への支出は抑えながらコントロールは維持するという方向に移ったのである。

　2005年の「新しい時代の義務教育を創造する」（答申）では、市場原理の導入と競争に基づくこのような改革が明示されている。ここでの最も重要な改革は、「義務教育費国庫負担」制度の見直しであろう。義務教育を支える教員の給与は、安定を求められることからほとんどの国では、その全部を国が保障している。一方、日本においては、長い間、国は1/2しか保障していなかった。しかしながら「小さな政府」の政策のもとに、この負担割合は1/3へと減額したのである。また学校の組織や経営の在り方も、企業をモデルとして考えられるようになり、PDCA（plan-do-check-action）サイクルを基礎として、説明責任（アカウンタビリティ）と成果主義が導入された。

　諸外国では、こうした成果主義が学校への財政支援と結びつき大きな問題となっている。イギリスでは、全ての学校において統一テストの結果が公表され、それが、親が学校を選ぶ指標になっていたり、また、学校予算の傾斜配分にもなっている。いずれの学校も教師も、リーグテーブルにいかによい試験結果を残せるかに戦々恐々とした状況が長く続いている。また、アメリカ・シカゴでも、同様に、生徒の成績に代表される学校のアウトプットが学校閉鎖（スクールクロージング）と結びついており、またこれが、社会経済的条件の厳しい地域に集中していることから、重大な社会問題ともなっている。国家の財政的な援助がなければ、教育現場は安定を欠いた状況になる。市場原理に任せた教育改革には、こうした公教育の崩壊につながる危機もうかがわれる。

　日本では、今世紀に入ってから「開かれた学校」のスローガンのもとに学校に保護者や地域社会の意見を取り入れる仕組みがつくられ、学校評議員制度や学校運営協議会などが導入された。これは、地域の実情に合った教育の構想や、教育への人々の参加を可能にした。しかしその後、家庭や地域社会の道徳的役割の復権を強く願う保守政権によって、地方再生・地方創生といった情緒的統合的な役割を担わされた「コミュニティスクール構想」へと変化している

（「新しい時代の教育や地方再生の実現に向けた学校と地域の連携・協働の在り方と今後の推進方策について」（答申）（中教審 186 号 2017）。

　市場原理や競争によって生まれる〈よきもの〉への期待は、人々の多様な声を反映する機会を作る側面もある。しかしながらそれを成立させる財政的基盤を持たねば絵に描いた餅に過ぎない。一方、財政的な基盤を持つ力が独自の展開を強いるならば、それは国民の総動員につながる危険性もある。

今後の教育改革と Society 5.0

　最近、一直線に政府の示す将来像に向かって改革が進められ、そこに人々を総動員する可能性（あるいは危険性）も見えてきた。グローバリゼーションの中で、日本のプレゼンスの低下を ICT/AI の活用によって打開しようとする構想がそれである。2019 年（令和元年）12 月「新しい時代の初等中等教育の在り方について」（論点の取りまとめ）を受けて、文科省は、今後の義務教育の在り方を「ギガスクール構想」として打ち出している。ギガスクール構想では、児童・生徒一人一人にタブレットを支給し、ICT/AI を駆使したドリル学習、デジタル教科書、VR（仮想現実）などを利用した「個別最適化された学習」を提供するとされる。

　しかし、これは ICT の導入のみにとどまらない背景を持つ。この構想は、内閣府の総合科学・技術イノベーション会議（Council for Science, Technology and Innovation）がけん引しており、第 5 期科学技術基本計画で初めて打ち出された Society 5.0 という時代認識とそれに向けた戦略に基づいている。第 5 期科学技術基本計画によれば、Society 5.0 とは狩猟社会、農耕社会、工業社会、情報社会に続く、目指されるべき新しい社会を指す。来るべきこの社会とは、内閣府の CSTI が司令塔となった壮大な国家的プロジェクトであり、そこでは、ICT や人工知能 AI の力によってさらなる経済発展を目指し、人口問題や資源問題、環境問題等の難問を解消するという。この構想には経済産業省や経済界が大きくコミットしているのも特徴だ。そして、society 5.0 で活躍することのできるのは、新しい学習指導要領において想定されている判断力・思考力・表現力を有する人材である。近代公教育の行き詰まりは、ここでは、国家と世界、経産省が主導する Society 5.0 の建設によって打開されようとする。教育や学

校は、経済の発展やそれに尽力する人材の育成に寄与する機関として位置付けられるのである。

3　公教育の行方：格差の解消・普通教育の保障

学校は社会的不平等を再生産する

　一方で、近代公教育の行き詰まりを、別の方向から検討しようとする見方もある。それは、行き詰まりを、「すべての人が教育によって社会的に豊かに暮らせる権利を身に着ける」という近代公教育への夢が、実はまだ不十分にしか機能していなかったととらえ、民主主義の徹底を考える立場である。

　フランスの社会学者 P. ブルデューは、「文化的再生産論」を示し、学校教育が社会の不平等の再生産に寄与していることを指摘した。彼は、社会において、出自の異なる集団が持つ文化に注目し、学校で正当とされる文化は特権集団の子どもたちには親和性が強く、そのために彼らが学校で成功することは容易であるが、非特権集団の子どもたちは、そのギャップゆえに学校で成功を収めることが難しいことを明らかにした。社会における特権集団と非特権集団の生まれながらに持つ文化の差は、学校教育において社会的格差を維持したり、あるいは拡大したりする〈隠れたカリキュラム〉として作用する。学校はその意味で、特権集団の文化を再生産する装置となっている。

　S. ボウルズ & H. ギンタスも、学校が社会的不平等を直接に作り上げる機関であると指摘する（社会的再生産論）。子どもたちは、学校で日々能力が測られる経験を通じて、次第に、自分が将来どのような社会的地位にたどり着けるのかを意識するようになり、ある社会的な地位に就くことに〈当然だ、分相応だ、仕方ない〉というような納得の意識を生成する。こうしたプロセスを経て、既存の社会的な不平等に抗わない意識や行動特性が培われてるのである。

教育格差と社会的排除・社会的公正

　学校が社会的不平等を再生産するだけではない。そもそも近代公教育そのものから多くの人々が排除されてきたのではなかったか。外国にルーツを持つ子ども、被差別部落の子ども、特別な支援を要する子ども、貧困家庭の子ども等、

教育機会から制度的、可視的にあるいは不可視的に排除されている事実が近年露わになってきた。

　例えば、日本の学校に在籍する外国人児童生徒数は 93,000 人を上回っている（平成 30 年度）が、この一部は日本語指導が必要であるにもかかわらず、その対応は十分ではなく、またそれを反映するように高校進学率は 64％と、日本人のそれと比べると明らかに低い。また、古くから社会的排除の対象であった被差別部落では、長期欠席、学力の不振、非行・問題行動、高校中退といった教育問題が深刻な問題となっており、長くこうした問題の解決に取り組んでいるものの、未だに解消されているわけではない。特別な支援を要する子どもについても、「障害者が障害に基づいて一般的な教育制度から排除されないこと」を基本に、インクルーシブ教育が世界的潮流となっているのに対し、日本ではまだ基本的に学ぶ場が分離されている。また、そのために、これが障害者だけの問題ではなく、「すべての人がかけがえのない個人として取り扱われる」という市民社会の問題であるという認識に至っていない。

　さらに、1990 年代の労働市場の大きな改革を経て、それまで陰に隠れていた貧困家庭の子どもの問題が大きく浮上している。貧困は、決して自己責任の帰結などではない。また、単なる経済的な問題にとどまらず、社会関係やアイデンティティの問題をも含み、長い人生を通じて形成されていくプロセスの問題でもある。そのために、特に子どもの教育は、貧困の連鎖を断ち切るための非常に重要な課題となるが、その保証は遅々として進んでいない。

　教育機会の拡大に貢献した近代公教育の役割は終わったと指摘される中で、これらの問題は、実は長いこと片隅に排除され、可視化されずに、「ないもの」とみなされてきたのである。

　2016 年、不登校の問題や夜間中学の問題に取り組んでいた人々の活動が、「教育機会確保法」（義務教育の段階における普通教育に相当する教育の機会の確保等に関する法律）の制定に結びついた。すべての子どもの「普通教育を受ける権利」を実質化していくために、この法律は、国および地方公共団体の責務を明らかにすることを目的としている。近年、社会的な格差はより拡大しており、不利益を被る子どもたちにとって、社会的な包摂はいまだ重要な課題であり、全ての人々に教育機会を与えるという近代公教育の理念はまだ実現途上である。

近代という時代に誕生した学校（公教育）が大きな転換点にあるのは間違いない。グローバリゼーションのし烈な競争の中で、できるだけ国家のお金を使うことなくそれに勝ち抜く人材を、国を挙げて作ろうとする施策が、現在の日本政府が選択している方向性である。しかしながら、すでに示したように、それとは異なる民主主義の充実や社会的公正を目的とする方向性もありうる。ギガスクール構想にみるように、グローバル競争に勝ち、それをけん引するような人材を養成するような方向に舵を切るのか、あるいは、近代公教育の理念とされた〈すべての子どもに教育を受ける権利〉を実質化させることに力を注ぐのか、教育の未来は岐路に立たされている。そしてそれは、人々が今後どのような社会を望むのかという選択と不可分なのである。

4　担い手としての教師

　私たちは人生で何人かの「教師」「先生」に接し、その経験をもとに教師イメージを作り、教師について知っている気になる。しかし果たしてそれは適切なのだろうか。現在、雇用されて働く「教員」は、全国で99万人を数える（平成30年度学校基本調査報告書では、小学校420,659人、中学校247,229人、高校232,801人。これに義務教育学校、中等教育学校、特別支援学校の教員を加えた数）。これまでに100人の教師に出会っていたとしても、それは「教師」全体のおよそ1万分の1でしかないことに気づくのは簡単だ。

　また、彼らのほとんどは、公立学校に勤務する地方公務員であり（設置主体別にみると、国立5,860人、公立90万9,381人、私立83,707人）、平均年齢は40代半ばであり（3年ごとに公表される教員基本統計平成29年度。教師の年齢構成は、公立小学校43.4歳、中学校43.9歳、高校46.0歳）、学校段階ごとにかなりの性差がみられる（女性比率は小学校62.2％、中学校43.3％、高等学校32.1％）。

　法律的には、学校教育法の第一条に示された学校に勤務する教職員は「教師」「先生」ではなく「教員」と称され、そのうち公立学校教員は、採用時において公務員法制下に入ることを宣誓せねばならず（地方公務員法第31条「服務の宣誓」）、「公務員としての地位に基づき服さねばならない義務の総体」＝服務を課せられる。そこでは、「服務の宣誓」や「職務専念義務」（同法35条）

のように、勤務時間内に求められる「職務上の義務」と、教師という身分を考慮して24時間拘束される「身分上の義務」が存在し、このような服務規律を違反した場合、公務員関係の秩序維持のために、任命権者が「懲戒処分」の制裁を科すことができる（地方公務員法29条の1）。また法律違反ではないが、その職責を十分に果たすことができない場合には、「公務能率の維持とその適正な運営の確保」という目的から、公務員の身分保障を前提とした身分関係の不利益な変動を伴う「分限処分」を課すことができる（同法28条）。

　私たちは、〈生徒と教師〉というような相互主義的な関係の中で教師という職業を見がちであるが、それは一面的でしかない。教師という職業の位置づけを多面的に把握しておく必要がある。

5　教員に及ぶ教育改革

(1)　教員養成の改革

　学校が大きく変わる時期には、〈教員〉への注文も多くなる。特に、臨教審以降の教育改革は教員の資質・能力の向上に焦点を当て、教員の養成・採用・研修についての改革が進められた。教師の資質向上策としては、不適格者の排除と、より優れた教師の育成という二つの方向がある。前者に関しては、指導力不足教員への取り組み（「指導が不適切な教員に対する人事管理システムのガイドライン」文科省、平成20年）や、教員を対象とした新たな人事評価制度の導入（平成26年度）が挙げられる。これらは、世紀が変わるころに、指導力不足教員を排除すべきだという世論を背景に導入された。ただし現在、指導力不足教員については、復職を目標とした講習などが実施されていたり、人事評価についても、管理職からのアドバイスなどにより、教師が自分の教育実践を振り返る機会として用いられるなど自治体ごとに工夫されており、現実には必ずしも〈排除〉のみが強調されているわけではない。また、平成20年には、教員免許を有限にして講習を受けることにより免許の更新を認める「教員免許更新制」が導入された。教員免許を有限にするという世界にもまれな制度により、現職教員は、10年ごとに自ら講習費を支払って、大学等が実施する更新講習を受講せねばならなくなった。しかし、これによって免許の更新を拒否される

教師はほとんどいない。一旦職に就くとそのままで退職を迎えることが一般的な日本社会では、生涯を通じてどのように能力を開発していくかが課題となる。世論はある時期、極端な排除に傾いたが、教師の成長や発達をどう考えるかその仕組みをどう作るかは大きな課題がある。

　後者、すなわち教員養成については、内容においても体制においても様々な改革が実施されてきた。内容については、養成段階で、「教職実践演習」が2008年に導入された。この授業科目は、最終学年の後期に配置され、教職課程の総仕上げともいうべき授業であり、履修する学生の質を各大学が担保することを目的としたものであった。教職課程の質の保障という点では、平成28年に「教職課程コアカリキュラム」が導入されたことも大きい。「教職課程コアカリキュラム」は、教職員免許法に記載された項目ごとに、教職課程で学ぶべき内容についての達成目標が細かく規定されている。さらにこれと連動するように、「これからの学校教育を担う教員の資質能力の向上について〜学びあい、高めあう教員育成コミュニティの構築に向けて〜」（答申　184号）では、国が示したモデルを基盤に、現職教員の研修や成長に資する「教員育成指標」を、教育委員会が大学等と協力して作るように求めている。これらの施策では、あらかじめ指標を設定することにより教師の成長過程を一元的な方向に設定している。しかし、こうした教員養成の改善が、教員像の〈統制〉につながる危険性はないのか留意すべきである。

　教員養成を担う制度改革も続いている。2008年には、教職大学院が開設された。欧米の教員養成改革では、教員養成を修士レベル化し教職の高度化が進められた。日本における教職大学院もこうした潮流に位置づくかと思われたが、その後、この改革は国立大学再編の動きの中に取り込まれ、そうした期待とは大きくずれた。というのも、全国の国立大学の修士課程として置かれていた教育学・学校教育学研究科が教職大学院へと改変され、教育研究のための従来の大学院が縮小・廃止に至り、また、教員養成学部の広域連携が進められるなど、教育研究や教員養成の基盤部分の縮小が同時に行われているからである。

　上述してきた施策は、今後、教員採用試験の広域化や、教員資格の国家資格化などの議論とつながっていく可能性をはらんでおり、教員の成長や質の向上策なのか、教員へのコントロール強化策なのかを見極める必要がある。また、

担い手としての大学役割の今後の展開も見逃せない。

(2) 教師の勤務環境の変化

学校組織の変化と給与

　教師の勤務環境の改革も進んでいる。

　前述した義務教育費国庫負担制度の改正時に「総額裁量制」を導入したことよって、一人の正規教員分の給与で複数の時間講師や再任用講師などを雇うことが可能になった。また、「教員給与の在り方について」（平成 19 年　答申）では、それまで学校組織が、校長と教頭以外はほとんどの教員が横並びの鍋蓋型組織で、職務内容や責任の所在が明確でない点、また、年功序列の給与体系のために努力している人が報われることがない点が指摘され、新たに副校長や主幹を置き、職務内容の明確化とそれに伴う〈メリハリのある給与体系〉への移行が目指された。高校は別として、小中学校は教職員数が 20 名前後の小規模な組織である。しかし、こうした改革によって、一つの学校の教師集団が管理職・準管理職・その他というような位階制に分かれ、正規教員と非常勤・臨時採用などといった雇用形態が多様化することになった。こうした変化が、教師にどのような影響を及ぼしているのか改めて検討すべきであろう。

　また、こうした改革は、平成 27 年の中教審答申「チームとしての学校の在り方と今後の改善方策について」につながり、ここでは、教員以外の専門スタッフを積極的に導入し、地域連携担当教職員を配置して地域の人材を積極的に活用するなど、チームで学校の諸問題に取り組むことが求められている。しかしここでも、こうしたスタッフが、非常勤職やボランティアであることを考えると、協働の可能性や効果について実証的研究が必要だ。

　さてこれらの改革は、組織の合理的改革をうたいながら、その実は「小さな政府」にのっとり財政支出を抑える施策の一環として位置づけられている。したがって今後、優秀な教員を集めるために 1970 年代に作られた「人材確保法案」の見直しや、残業代を払わない代わりに一律 4 ％支給されていた「教職調整額」の見直し（廃止）などが加速される可能性もあり、予断を許さない。

労働時間と教師の働き方改革

　2013 年に OECD が実施した TALIS 調査の結果は、大きな衝撃を与えた。教

員の週当たり労働時間が、とびぬけて長時間を示していたからである。2018年実施の同調査でも、日本の教師の長時間労働は変わらず、OECD 諸国の週平均 38.3 時間に比べて 20 時間近く長い 56.0 時間となっており、また、2013年に比べると中学校では 3 時間ほど延びていることも明らかになった。

「過労死」がそのまま英語として通用するように、日本では、長時間労働を疑わない社会状況があるが、政府はやっと重い腰を上げ、「働き方改革」へと一歩を踏み出した。その結果、「教師の働き方改革」のなかで、部活動指導員やスクールサポートスタッフなどの外部人材の配置、「教師の業務の適正化」、勤務時間の上限設定、休日のまとめ取りなどの施策が提示されている。しかし、勤務時間の月 45 時間、年間 360 時間という残業時間の設定そのものがほとんど過労死レベルであり、それが本当に教師の長時間労働を緩和することになるのかは疑問である。また、現在進められている休日のまとめ取りを念頭に置いた変形労働制の導入は、「年額働かせ放題」の導入につながる危険性もはらんでいる。

そもそも「働き方改革」という名称自体、制度や組織の側を改革するのではなく、働き手側の意識や態度の改革を意味している。教師自身に根強く存在する〈献身的教師像〉によって、長時間労働や過重労働を自らのうちに回収する文化に期待しているのだ。ただし、このような個人努力で解決するレベルを既にはるかに超えた深刻な状況になっていることを忘れてはならない。

さて、教員組合への加入は、世界的にみれば自明である。それは、自分たちの雇用条件を「職業集団」として守り、優位なものにしていくために必須だからである。しかしながら、日本では、組合組織率が漸減し、教師の労働者としての自覚も薄れている。こうした状況下で、どのような方法で、教師が安心して働ける状況が生み出せるのか、検討すべき課題は大きい。

6　教師の役割

本章では、現在の学校が岐路に立たされているということを指摘してきた。では、そこで教師はどのような役割を果たすのだろうか。

一つの道は、Society 5.0 という施策を受け、それを担う教師役割を選択する

ことである。そこでは、ICT や VR を用いての授業を進める専門家として描かれる。しかし多様な教育産業が優れた教材を提供しようとしている現在、教師が教材を自分で開発できないのであれば、教師の役割は、自分で価値や内容を選択できる人ではなく、与えられた教材をうまく用いるパフォーマーということになろう。授業規律もうまく作れて、ICT を駆使した授業の工夫に邁進し、最終的には、グローバル人材を育成することになる。

　今一つの道は、民主主義や社会的正義の実現を、教育の中で求めようとする立場である。しかし、これはあらかじめ定められた到達点があるわけではないため、常に、これでいいのかと自分の実践を問いながら、毎日の実践に向かうことになろう。答えのない状況に耐えるのは容易ではなく、そうした鍛えられた教師がどの程度生まれるのかは未知数である。

　さて、すべての子どもに希望のある教育を提供し、そうした仕事に誇りをもって、また安心して教師が働くためには、教師を縛り付けることなく、十分な時間と給与が必要で、彼らの創造性や貢献性を最大限に引き出せるような、そうした政策が待たれる。しかしながら残念なことに、改革は、教員の勤務条件の向上には向いていないように見受けられる。さらに、そもそも教師自身が、自分の運命を人任せにしており、職業としての教員の利害や願いを強力に体現した教員組合の意義を過小評価している。

　教育の結果は、何十年もたったころ、子どもがその社会の担い手になるときにその成果が表れる。どのような社会を希望し、それに向けた進路を取るか、また、その担い手としての教師をどのように育てるかは、政府に一任する施策ではない。教員を志す者はもちろん、一人一人が切実な問題としてこれに取り組む必要がある。しかも、自分の勤務環境を自分で変えていくという二重三重の足かせの中で、この課題に取り組まねばならないのである。ある意味でそれは、〈挑戦的〉だといえるかもしれない。

第9章　教育の内容と教育課程

安彦　忠彦

1　教育の内容

(1) 「教育の内容」の語義：「教育内容」の二つの意味

　一般に、「教育の内容」という言葉を聞いて何をイメージするかといえば、あまり明確なものを思い描くのがむずかしいのではないかと思う。この言葉は必ずしも厳密な意味の学術用語であるとは言えない。実際、教育学の辞・事典類を見ても、すべてのものがこの言葉を正式の用語として取り上げているわけではない。そして、最近の辞・事典はこの用語を、

　　　「様々な教育的場面において、学習者に習得を求め、能力の育成を図るために用いられる知識・技能・価値・経験・活動などの文化内容」

を指す、と見なしているものがほとんどである。

　しかし、かつて教育行政学の分野では、公教育において、公権力が直接に関われるのは「外的条件」の整備だけであって、「教育の中身」である具体的な教育活動自体には関わってはならない、という説が有力であった。つまり、施設設備、教職員の人数、教具・機器などのハードウェアの整備充実だけに関係するのであり、ソフトウェアに当たる教育課程、教科書などの教材、指導法・指導形態、評価などに関わる教師の活動は、公権力から独立であるべきだ、とするものであった。しかし、新教育基本法では、この「外的事項」と「内的事項」の区別についてかなり明確に規定して、「内的事項」についてもある程度

公権力が関われるとされている。この意味で、かつて
はこの区別のもとに「家永教科書裁判」などが闘わさ
れたけれども、今ではこの区別はほとんど問題にされ
なくなったとともに、「内的事項」としての「教育内
容」の意味も、あまり話題にならなくなっている。

　したがって、現在は、「教育内容」といえば、ほと
んど上述の定義に示したものだけを指すことが普通で
あるが、古い教育行政関係の議論に接したときは、も
う一つの意味をもつことに留意する必要がある。

(2)　教育内容と教育課程：研究上の定義と行政上の定義

　しかし、どんな文化内容であっても「教育内容」に
なるとは限らない。教えるに値するという意味の「教
育的価値」をもつ内容が、その文化内容の中から「選
択される」必要があるとともに、とくに学校などで教
える場合には、それが教える上で「正当なものである
こと＝正当性 legitimacy」が問われる。さらに、「教
育内容」はそのままでは教えられないので、「教材」
を用いて教えられるものである。この意味では、「教
材」は教育内容を伴っていなければならない。そうで
ないものは「教具・機器」として区別した方がよい。ただし、一部には「教育
内容」を「教材」と同一視する研究者や実践家もいることに注意してほしい。

　これに対して、「教育課程」という用語が最近はしばしば使われている。こ
れは元来「教育行政」上の用語であり、英語の「curriculum カリキュラム」
の訳語として、第二次世界大戦後の日本で使われるようになったものである。
第二次世界大戦終了直後の旧教育制度までは「学科課程」とか「教科課程」と
いう用語が使われていた。大戦後の新教育制度では「教科」だけではなく「教
科外」の教育内容も含まれることになり、「教育」課程となった。これに対し
て「カリキュラム」は学術用語で、学校教育の分野以外の社会教育ないし生涯

図9-1　教育課程を構成
　　　する内部要素

学習分野でも広く使われるものである。

　さらに、「教育課程」という用語は「カリキュラム」よりも意味範囲が狭い。後者の片仮名表記の場合は原語の意味に近く、計画段階のものだけでなく、実施されている段階のもの、結果段階のものまで広く含んでおり、また、子どもの学習経験の総体・全体を意味する。それに対して「教育課程」は「教育内容を方法的に処理したもの」であり、文部科学省の学習指導要領総則編の解説書の定義では次のようになっている。

　　「学校教育の目的や目標を達成するために、教育の内容を、児童の心身の発達に応じ、授業時数との関連において、総合的に組織した学校の教育計画」

　この定義は一般的なものであるが、これを日本の学校教育に適用した場合、日本の小学校の教育課程は、解説書に従えば次のように定義されることになる。

　　「教育課程に関する法令に従い、各教科、特別の教科道徳、外国語活動、特別活動及び総合的な学習の時間について、それらの目標やねらいを実現するよう、教育の内容を、学年に応じ、授業時数との関連において、総合的に組織した各学校の教育計画」

　これらの定義で分かるように、「教育課程」は６つの主な内部要素から成り、あくまでも「計画」段階のものに限定されている。実施段階のものや結果段階のものは「カリキュラム」には含まれるが、「教育課程」には含まれないということである。また「教育方法」も「カリキュラム」には含まれるが、「教育課程」には通常含まれない（図9-1参照）。

　そこで、本章では、「教育課程」を含む「カリキュラム」という用語で、「教育内容」と「教育課程」を含めて論ずることとする。その方が広義であり、最近の議論を扱いやすいからである。

2　教育課程の理論と実際

(1)　教育課程とカリキュラム

　すでに前節で「教育課程」と「カリキュラム」とを区別することを簡単に述べた。ここでは、それによって、何が、どう変わるのかについて一言しておき

たい。

「教育課程」は「教育計画」だとする教育行政側のとらえ方では、それが青写真にとどまり、実際にどういうものに具体化し、どういう効果をあげるものになるかはとらえられない。「教育課程表」とか「教育課程一覧」といった文書などで公式に提示されるレベルのものしか論じられない。これでは計画段階だけしか見ることはできず、どれほど効果的なものなのかを正確に判断することができない。

そこで、文部科学省は「学習指導要領実施状況調査」というものを、新学習指導要領が実施されるたびに、その数年後に必ず行い、実際に新しい国家基準（学習指導要領）に基づいて編成された、その学校の「教育課程」がどのように実施され、どのような成果を挙げているのかを点検している。さらに、2007（平成19）年度から始まった「全国学力・学習状況調査」によって、その成果の中心部分を評価するようなシステムをつくった。これによって教育行政当局は公教育における「説明責任 accountability」を果たそうとしているわけである。

一般にこれまで「実施レベル」の教育課程は「展開カリキュラム」と呼ばれてきたが、最近は IEA（国際教育到達度評価学会）などの国際学力調査を行う機関が、計画レベルのものを「意図したカリキュラム」、実施レベルのものを「実施したカリキュラム」、結果レベルのものを「達成したカリキュラム」という次元分けを行って、人格・学力とカリキュラムとの関係を分析しているので、この次元分けはほぼ世界的なものと言ってよい。これによって、カリキュラムの分析が具体性をもつものになる。

また「カリキュラム」とは、ラテン語の「クレレ currere ＝競走路」に由来するとされるが、「コース」のことである。この意味ではカリキュラムは「学習のコース a course of study ＝学習経路」ということになるが、他方でこれは「個人の履歴 curriculum vitae」を指すこともある。この意味では、デューイ（J. Dewey）以後の経験主義教育学の「学習者の学習経験の総体」と定義する立場や、学校の枠を越えるパイナー（W. Pinar）らの現象学的な「主体的な学習履歴」とみる立場などが含まれることになる。「教育課程」の方には学習者やその主体性を含意するようなことはないと言ってよい。

(2) 教育課程の開発と編成

　カリキュラム研究の最初の関心事は、歴史的にみると、教育課程の開発と編成についての方法論の確立にあった。19世紀の中頃、ヘルバルト派教育学が「単元論」や、「中心統合法」によるコア・カリキュラムづくりを唱えたのが発端で、それまでの「教科書」に依存したカリキュラムづくりの「教科書法」から脱却し、どのように科学的な方法でカリキュラムを構成することができるかが、とくにアメリカ合衆国で模索された。その最初の提案がボビット（F. Bobbitt）による「活動分析法」であった。この理論では、教育を大人の社会への適応的な準備と考え、「社会で大人が必要とされている活動」を客観的に把握して、教育目標の基礎としようとした。その後、類似の試みが、とくに「教科書法」を好まない経験主義教育学の立場から次々に行われた。とくに1935年にキャズウェルとキャンベル（H. L. Caswell & D. S. Campbell）によって提案された「社会機能法」は、戦後日本に導入され、「スコープ（範囲）」と「シーケンス（系列）」による社会科のカリキュラムづくりの理論として有名になった。このとき初めて「カリキュラム開発 Curriculum Development」という用語が使われ、それ以前の「カリキュラム構成 Curriculum Making, Curriculum Construction」という用語に取って代わった。その後、進歩主義教育協会・中等カリキュラム委員会による「青少年欲求法」、アルバーティ（H. Alberty）の「問題領域法」、ストレートマイヤー（F. B. Stratemeyer）らの「恒常的生活場面法」などが提案されたほか、やや異なった角度からオルセン（E. G. Olsen）の「地域社会法」やデューイ左派のブラメルド（T. Brameld）の「現代社会問題法」なども提案された。

　このような経験主義・進歩主義教育学の側からの提案がやや変質してくるのが、タイラー（R. Tyler）による、教育課程の開発方法の定式化として提案された「タイラー原理」の明示であり、また、その弟子のターバ（H. Taba）による、文化人類学的観点を含ませて経験主義と系統主義・本質主義の総合を図ったカリキュラム開発法の提案であった。1960年代に入ると、ピアジェ（J. Piaget）の発達理論が注目され始め、経験主義教育学者からの提案はなくなり、むしろ経験主義教育学を批判した、いわゆる「教育の現代化」をリードしたブルーナー（J. S. Bruner）やシュワブ（J. J. Schwab）による「学問中心」のカリ

キュラムづくり、さらには、1970年代の「教育の人間化」をリードしたフォ
ウシェイ（A. Foshay）の「人間（あるいは人間性）中心」の方法などが提案さ
れた。しかし、その後の1980年代になると、教育の哲学的基盤を伴う理論は
表れなくなり、グラットホーン（A. A. Glatthorn）やラスカ（J. A.Laska）による
「共通必修・選択必修・発達促進・自由選択」の4つに分ける「カリキュラム
の基本類型化」が、さらに1990年代に入ると現在まで大きな影響力をもつウ
イギンズとマクタイ（G. Wiggins & J. McTighe）による「逆向き設計論」が提案
されている。

　このような動きは、2000年代に入ると、アメリカ、イギリス、ドイツ、そ
して日本などが、教育の説明責任論やOECD／PISAの学力調査の影響によ
り、国家レベルでも各州レベルでも、一定の到達水準を「基準 Standard」と
して求める教育行政に転換して、「スタンダード中心」のカリキュラム編成が
行われているため、教育の哲学や思想を伴うものは求められなくなりつつある
ことによる。この傾向は、その意味で世界的な動向になっていると言ってよい。
もはや、経験主義か系統主義かといった、思想的に二者択一を求めるカリキュ
ラムづくりは、過去のものとなりつつある。だが、果たしてこのような技術的
な理論だけでよいのかが、後述の「カリキュラム分析」の側から問われている。

　なお、「開発」と「編成」の用語を用いているが、日本では、前者は学術用
語として用いられており、後者はほとんど教育行政関係者しか用いていない。
両者間にあまり厳密な区別はないが、前者はまったくのゼロからつくるのに対
して、後者は何らかの基準が前提され、それを踏まえてつくる場合を言ってい
ることが多い。2020（令和2）年度から実施される新国家基準による教育課程
編成においては、カリキュラム・マネジメントと「主体的・対話的で深い学
び」という能動的な学習活動を導入することにより、「実社会・実生活に生き
る力＝実力」の育成が正面から目指されねばならない。その際、「言語活動」
と「体験活動」の充実・強化が教育課程全体に図られる必要があるとともに、
「特別の教科　道徳」による道徳教育の充実も重視されている。

（3）　教育課程の展開と実施
　広義の「授業」というものは、教育課程の展開と実施の過程そのものである。

この意味で、「授業過程＝教育課程の展開・実施過程」と見ることが、教育内容・教育課程の側面から見た授業の姿だと言える。ここで重要なのは、このように広義に取ると、「教育方法」も含まれることとなり、アメリカの「カリキュラム」概念とほぼ同じになるが、そのような見方は日本ではあまり定着していない。昭和20年代には「展開カリキュラム」という呼称によって、実際の授業の過程そのものを指していたが、昭和30年代に入ると「授業研究」が「カリキュラム研究」とは別個に盛んになり、「展開カリキュラムの研究」といったものはなくなった。しかし、あらためて従来の「授業研究」というものを整理してみると、その研究対象になっている「授業」過程には、次の3つの側面がある。

授業過程 { ① 認識(形成)・集団(形成)・人格(形成)過程 （目的面）
② 教授・学習・評価過程 （活動面）
③ 構成・実施・検証過程 （内容面）

　このうち、③が教育課程の側面から見たもので、「展開カリキュラム」の研究に当たるのだが、これがほとんど行われていない。授業の中を流れる情報ないし内容が、その過程の中で、何に、どのように影響されて変化・変質し、どのように学習者に習得され、教師などによって評価されるのか、については、ほとんど何も解明されていないに等しい。「誤答分析」などはその種の研究の一つと言えるが、授業研究の中心になっているとは言えないのが残念である。

　この面の研究を促進するには、現在までの主流である「1時間ごとの授業研究」ではなく、「単元レベルの授業研究」が必要である。その意味では、「形成的評価」の導入により「完全習得学習」の理論で授業づくりを行ったブルーム（B. Bloom）の提案は見逃せない。この場合は「形成的テスト」を入れて複数の治療学習の場面を置くことにより、すべての子どもの「完全習得 mastery」を実現しようとした授業過程になっている。これは単元全体の授業過程の研究である。

　他方、単元レベルの教材研究もある。この面では、日本の理科の「仮説実験授業」の「授業書」づくり、同じく理科の「極地方式」の「テキスト」づくり、算数・数学の「水道方式」のシート教材づくり、学校の外にある類似のものとして、算数・数学等の「公文式」のシート教材づくりなどが見逃せない。これ

によって、授業過程が支配されるようにできているからである。いずれも1960年代の教育の現代化の頃に登場して、現在でも盛んに利用されている。

いわゆる「授業研究」は、このような観点からすれば「教育方法」を主たる対象にしたものである。これも「カリキュラム」研究の一部を成すと見ることができるが、この種の研究は「指導法・指導技術・指導形態」に偏していて、その研究成果が教育課程の改善になかなか結びつかないのが普通である。「指導法等」の研究も独立のものではなく、カリキュラム研究の一部として、教育課程との密接な関連の中で行われ、検討される必要があると言えよう。

2020（令和2）年度実施の学習指導要領に基づく新しい教育課程では、主として正解のない現実的諸課題に対して最適な解を見つける資質・能力の育成を目指して、「主体的・対話的で深い学び」と呼ぶ「アクティブ・ラーニング（AL）」と、それを実行可能にするためのカリキュラム・マネジメントの励行が、学校現場に求められており、授業もその種の批判的・創造的思考力等を働かせる、個人と集団との相互作用として「協働」を効果的に使う学習活動に時間が多く用いられるよう留意する必要がある。また、「学習習慣」の確立や家庭学習との連携により、学習意欲の下支えや学力の向上を図る必要が強まっている。

(4)　教育課程の点検と評価

授業の過程中でなく、教育課程のある区切りないしは終わりの時点で、その効果を点検・評価することが、とくに最近は強く求められている。それは、意図的に計画され実行された教育課程が、本当に所期の成果を挙げたのかどうかを明確に示すべきだ、という社会的意向が強くなったためである。これは、アメリカでは「カリキュラム評価」の研究として長年行われてきたものであるが、国際化の進行の中で、納税者への「説明責任」論や国際的な学力調査などとも関連しながら、より世界的な動向としてこの方面への関心が強まった。

日本のこの方面での関心は、第二次世界大戦後に各学校レベルで盛んだった「カリキュラム構成（づくり）」において、「教育課程の評価」として重視されたのが最初である。当時は、次のような点検・評価の方法が例示された。

①　テスト・行動記録・面接・質問紙法などによる教育成果の分析

② 実験的に比較された、相異なる教育課程の学習成果の分析

③ 外部要素によって、どれだけ影響を受けたかの分析

④ 教師の活動および資料の使用法に関する分析

⑤ 教育課程が地域社会に及ぼす影響の分析

⑥ 教育課程の改善計画に用いられる方法の分析

⑦ 教育課程の展開の評価

このうち、④と⑦が「指導活動＝指導法・指導形態」を主たる対象とした評価活動であるが、このような授業過程への評価活動も「教育課程評価」の一部に位置付いていたのである。他の５つはみな結果レベルの評価活動であり、とくに①は、現在、日本の場合は「全国学力・学習状況調査」で、また世界的には OECD ／ PISA や IEA ／ TIMSS などの「国際学力調査」で代表されるものであり、最近非常に重視されていると言えよう。

しかし、その結果が⑥に結びついて、「教育課程の改善」に役立てられなければならない。それが「教育課程評価」の目的である。アメリカでは 1960 年代の「教育の現代化」の際、新しいカリキュラムが導入されたので、その成果を客観的に評価しようと、アメリカ教育学会が学会としてカリキュラム評価研究を展開した。日本での例としては、学習指導要領の改訂ごとに中央の教育行政当局によって行われる「教育課程実施状況調査」が見逃せないものであるが、平成 19 年度から始まった「全国学力・学習状況調査」も、できるだけ自校の教育課程の改善や指導・学習活動の改善に活かすよう、様々な機会を設けなければならない。

(5) カリキュラム・マネジメント

最近は「カリキュラム・マネジメント（カリキュラム経営）」という用語が広まっている。これは「経営サイクル」である P（Plan）－ D（Do）－ C（Check）－ A（Action）（かつては P-D-S と呼ばれたもの）という、４つの活動を経営のシステムとしてラセン的に展開する、「動的な」とらえ方を強調したもので、それをカリキュラムづくりにも当てはめようとしたものである。

従来は、「教育課程の管理・運営」という表現がよく使われてきた。この場合、「管理」というと、その組織体をできるだけ安定に保ち、ミスをおかさな

いように監視し監督するという「静」の側面が重視される。つまり、「経営」が、企業のように、その組織体を動かしながら絶えずその働き具合を改善向上させる、「動」のニュアンスをもつのと対照的である。この意味で、「カリキュラム・マネジメント」は、カリキュラムを固定視せず、絶えず動かし手を入れて良くしていく中で、その最大の効果を生み出す活動だと言える。「管理」から「経営」への移行には、その種の中身の改変が伴わねばならない。

　では、「運営」はどうかと言えば、これは教育課程全体の「管理」の中で、その一部分について具体的に動かしていく活動を言うことが多かった。例えば、「授業時数の運営」とか、「特別活動の運営」とかと言うことがある。つまり、全体を動かすことはなく、内部のある部分を実際に即して動かしながら、成果を挙げるようにすることである。この意味で、「管理・運営」はセットであるが、「経営（マネジメント）」の方はこの言葉一つであり、カリキュラムの全体も部分も動かしながら、少しでも高い教育効果を生み出していくようにする連続的活動を指す。

　「教育課程経営＝カリキュラム・マネジメント」は、以上のような意味で比較的新しい概念であるとともに、新学習指導要領でも重視されており、それは「外的条件」たる施設・設備・人員などの「経営・管理過程」と、「内的条件」である「教授・学習過程＝授業過程」とを、いかに効果的に結びつけて最高の目標達成を実現するかを考え、かつ実行する活動である。今後は先の経営サイクルの励行に加えて、教科間連携の視点による総合化・重点化を図るとともに、学校外の種々の機関との協力も強化して、教育成果を上げる必要がある。

3　最近の教育課程研究

(1)　教育課程の開発研究

　以上のような教育課程に関する活動を押さえた上で、最近はどのような「開発研究」が見出されるか、少し述べておきたい。一つは「総合的学習」のためのカリキュラム開発として、イギリスのラッグ（E. C. Wragg）による「立方体カリキュラム論」、もう一つはウイギンズとマクタイによるカリキュラムの「逆向き設計論」である。

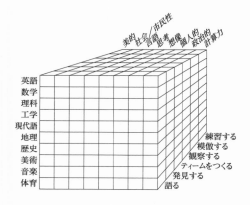

図9-2　キュービックカリキュラム
（立方体カリキュラム）

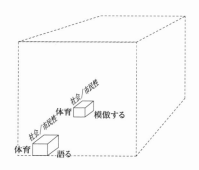

図9-3　立方体カリキュラムの中の
２つのコマ
1　体育―社会／市民性、語る
2　体育―社会／市民性、模倣する

　「立方体カリキュラム論」は、総合的学習を「（教科横断）クロス・カリキュラー・アプローチ」で考えた場合、「各教科」を高さに、「教科横断的課題」を横に、「教授・学習スタイル」を奥行きにとった３次元の大きな立方体をつくり、その中に個別の、例えば「体育」で、「社会的・市民的課題」をめざし、「ティーム学習」を行うという３次元の小さな立方体を作ることで具体化していくものである。これは学習活動の最小単位を決められる点で、「単元論」に近似している。（図 9-2〜9-4 参照）

　他方、ウイギンズ（G. Wiggins）とマクタイ（J. McTighe）による「逆向き設計論」は、①まず評価すべき結果を同定し、②それを確かめるための証拠を明確にし、③それに基づいて必要な学習経験や学習活動を組織する、という手順でカリキュラムをつくるものである（図 9-5）。これは「評価」の方から逆向きにさかのぼってカリキュラムを開発するのが特徴であるが、いわゆる数量的評価に偏ってつくられたカリキュラムにならないように、パフォーマンス評価などの質的評価の方法も組み込んで、評価の方法を多様に考案し組み合わせて、その上で小単元から大単元まで繰り込む形で構成しようとしている。「デザインによる理解の深化」を図るという見方が前提にある（図 9-6 参照）。

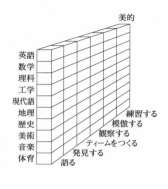

図9-4　第2次元の「美的」
　　　　目標の層

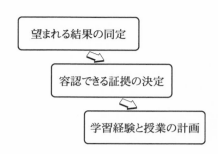

図9-5　「逆向き設計」論
　　　　の設計手続き

　日本では、過去10年間は総合的な学習についてのカリキュラム開発が盛ん
だったが、最近は小中一貫教育の推進により、「小中一貫の義務教育カリキュ
ラム」の開発が行われ始めた。今後の大きな課題だと言ってもよい。さらに、
加藤幸次を中心とするグループの個別化カリキュラムの開発なども依然として
進められている。

(2)　教育課程の分析研究

　一方、「分析」研究では、やはりアメリカ合衆国で、まず1970年代から精力
的にカリキュラム批判を展開したのがジャクソン（P. Jackson）を中心とする教
育社会学者である。これによって初めて、他の人文・社会科学の学問分野との
対話や交流が可能になったので、カリキュラム研究がやっと一人前の、他の学
問分野と対等な地位を占めるようになったと評価されることもある。その代表
的な研究者が、上記のジャクソンの他に、アップル（M. Apple）やジルー（H.
Girough）である。さらに、パイナーの現象学的分析を加えておきたい。

　まず、最も客観的で外在的なカリキュラム分析を行って、カリキュラム批判
を始めたのは教育社会学者であった。その代表者が「隠れたカリキュラム」論
を最初に提起したジャクソンで、その流れの中に位置づくのが、よりマクロに

図9-6 「逆向き設計」のためのテンプレートの一例

※書式の中でゴシック体になっている部分が、教師による書き込みを示している。
第3学年社会科の単元「西部への移動と開拓者の生活」

第1段階：求められている結果

設定されている目標：　　　　　　　　　　　　　　　　　　　　　　　　　　　Ⓖ［＝goals］
　2Ｄ―［児童は］移住者の幻想と開拓前線地帯の現実とを比較しながら、西部の魅力を説明する。
　5Ａ―［児童は］現在と違い過去の合衆国における人々の大集団での移動について理解していることを表現する。
　［2Ｄ・5Ａは、スタンダードで示された目標の番号］出典：合衆国史に関する全国スタンダード

理解：　　　　　　　　　Ⓤ［＝understanding］	本質的な問い：　　　　　　　Ⓠ［＝questions］
児童は次のことを理解する。 ・多くの開拓者が、西部への移動の機会と困難について、単純な考え方を持っていた。 ・人々は、様々な理由――新しい経済的機会、より大きな事由、何かからの逃避――のために移動した。 ・成功した開拓者は、勇気と工夫と協働によって障害や難題を克服した。	・なぜ人々は移動するのか？　なぜ開拓者達は、故郷を出て、西部に向かったのか？ ・地理や地形は、旅行や定住にどう影響したか？ ・なぜ、開拓者の中には生き残り栄えた者もいれば、そうならなかった者もいるのか？ ・「開拓者」とは誰か？　「開拓者精神」とは何か？
児童たちは、次のことを知る。Ⓚ［＝knowledge］ ・西部への移動と草原（prairie）での開拓者の生活に関する鍵となる事実 ・開拓者に関する用語 ・基本的な地理（つまり、開拓者の移動ルートと集落の位置）	児童たちは、次のことができるようになる。 　　　　　　　　　　　　　　　　　Ⓢ［＝skills］ ・文脈の中で開拓者に関する用語を認識し、定義し、用いる ・幌馬車隊生活と草原について調べるため、（指導を受けつつ）研究スキルを用いる ・気づいたことを口頭と筆記で表現する

第2段階：評価のための証拠

パフォーマンス課題：　　　　　　　Ⓣ［＝tasks］	他の証拠：　　　　　　　ⓄⒺ［＝other evidence］
・草原に住む移住者家族の1週間の生活を描く博物館の展示物（工芸品、絵、日誌を含む）を作りなさい。（現在の人々は、草原での生活と西部への移住について、どんな誤解を共通して持っているだろうか？） ・幌馬車隊と草原での生活を描く手紙（1通1通が1ヶ月の移動に対応しているもの）を1日1通、「東部」に住む友へ書きなさい。あなたの希望と夢を書き、それから開拓前線地帯の生活が現実にはどうだったのかを説明しなさい。（児童たちは、絵を描いたり、口頭で説明しても良い。）	・本質的な問いの一つに対する、口頭や筆記による応答 ・開拓者の生活の苦難を示した絵 ・西部への拡張、草原での生活、基礎的な地理に関する事実のテスト ・文脈の中での開拓者の用語の使用 ・思い出箱の中身についての説明

第3段階：学習計画

学習活動：　　　　　　　　　　　　　　　　　　　　　　　　　　　Ⓛ［＝learning activities］
・児童の既存知識を評価し、単元の学習目標を確認するために、K-W-Lを用いる。
・草原の日の活動を検討する（例．オレゴン街道2というコンピュータ・ゲームを「開拓者に扮装する」に代用し、シミュレーションが行われる間に日誌の記入を求める）。
・確認された内容スタンダードや理解と関連する、その他のフィクションの小説を与える（例．『大草原の小さな家』、『井戸の中のバター』）。
・開拓者家族の西部への移動の時系列地図を作る。
・様々な読みのレベルに合わせて、『オレゴン街道の生活』、『開拓者女性の日誌』、『ダコタ壕』といったノン・フィクションの資料を加える。その時代の研究をする上で様々な資料を用いるよう、児童たちを指導する。
・児童たちがパフォーマンス課題に取り組み始める前に、思い出箱、博物館の展示物、手紙、日誌を評価する採点用ルーブリックを見直す。児童たちに、これらの完成作品例を検討する機会を与える

［出典］西岡加名恵「ウィギンズとマクタイによる『逆向き設計』論の意義と課題」、日本カリキュラム学会編『カリキュラム研究』第14号、2005年3月

見て「学校知」を問題にしたイギリスのカリキュラム社会学者のヤング（M. Young）やウィッティ（G. Whitty）、さらにはグッドソン（I. Goodson）らがいる。これらの研究によれば、公式のカリキュラムとは異なる、結果として身に付く教育成果に、階層による差別の問題、社会体制への同化の問題、性差別の問題などがあると指摘する。

　他方、カリキュラム学者として、カリキュラムの批判的分析で世界的に最も活躍しているのが、アメリカのM.アップルである。公式のカリキュラムがいかに政治的差別、文化的差別、社会的差別等を潜在的に生み出しているかについて、公権力の体制維持や階層・性差の再生産、保守層の勢力保持と結びつけて、さまざまな角度から批判し弾劾している。とくにA.グラムシのネオ・マルクス主義の観点を援用して、上部構造における教育の役割を重視し、それによる社会進歩に期待をかけ、実際に現場教師と共同して「デモクラティック・スクール」の具体化に努め、分析批判だけでなく自ら対案となるカリキュラムを作っている点で、他の研究者を凌いでおり、尊敬に値する。ジルーもアップルとほぼ同時に登場して、主にカリキュラムの政治的性格について批判的分析を展開したが、最近はあまり目立たない。しかし、その批判の鋭さには種々学ぶべきものがある。

　これに対して、パイナーはカリキュラムの現象学的分析を試みて、カリキュラムという用語本来の意味「個人の履歴」の回復に努め、学習者の外にではなく学習者に身に付いたものとしてそれをとらえ、学校という場からもこの用語を解放して、人間の社会生活全体の場でとらえ「脱学校化」しようとするが、あまり成果を挙げているようには見えない。

　日本では、アップルの影響を受けた長尾彰夫や浅沼茂といった研究者が、日本やアメリカの批判的分析をもとに研究活動を進めている。

第10章　教育の方法と技術

三尾　忠男

1　授業の3段階

　教育の方法と技術という言葉から思い描くのは教室での授業場面であろう。教育の方法には、生徒指導や学級経営もその範疇に入るが、本章では、「授業」に関する方法と技術について取り上げることにする。教師には、生徒と直接向かい合う授業時間内だけでなく、授業の事前と事後にも求められる技術がある。授業は、「設計」と「実施」、そして「評価」段階という3段階に分けられる（図10-1参照）。特に「評価」は次の授業の「設計」へつなげることが重要である。

授業を「設計」する技術

　授業を準備する段階では、単元目標（授業数時間分）の中で今から設計する授業1時間の学習目標が、単元の中でどのような意味と関係を持つのかを明確にする。次に学級の実態を考慮して授業の目標と内容を決める。この教育目標は抽象的な記述ではなく、具体的に観察できる児童・生徒の行動（目標行動など）での記述を試みることが望ましい。以上を踏まえて、提示する教材と資料を準備する。そして、授業1時間（実際は45〜50分）について児童・生徒の反応を予測し、観点別評価である評価規準を同時に考えながら、内容の順序や時間配分を計画する。さらに、この「設計」段階で授業の達成度をどのように考

えるのか、その評価の手段を同時に考えておき、授業の「設計」に結びつける意識を持つことが重要である。

授業を「実施」する技術

　授業では、板書や発問のほか、時間配分の調整や授業運営を適切に行うなど、実践的な技術が求められる。授業1時間は、導入・展開・まとめの3段階で構成されるのが一般的である。導入は、児童・生徒に本時の課題や既習事項、既知体験との関連を理解させ、意欲を誘発する段階である。教育実習生は、この導入を展開に比して軽視しがちであるが、実際にはここでつまずくことが多い。展開は、教師による説明や児童・生徒の活動を中心に、課題を探究していく。まとめは、本時の学習内容を定着させ、次の授業へ転移するような指導を行う。

授業を「評価」する技術

　授業を評価する目的は、設計時のさまざまな判断（目標設定と教材選定などの妥当性や指導計画、時間配分など）と実践時の教授法や指導について振り返り、自身が行う次の授業設計へつなげることにある。日常的には、教師自身の印象評価や生徒からの提出物などで行われるのが一般である。研究授業では、授業案を作成し同僚教師が授業を参観し、後の検討会で意見交換を行う。さらに専門的に行う場合、カメラ、ビデオカメラで授業を撮影して検討会での資料とする場合も増えている。このような活動は授業分析または授業研究と呼び、授業

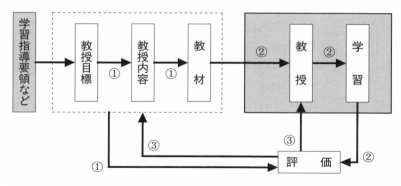

図10-1　授業の3段階（①：設計、②：実施、③：評価）

力の向上に効果的である。

2　授業の技術

　授業実践において、基本的な技術は、板書と発問、児童生徒とのコミュニケーションである。これらは、独立したものではなく同時並行して活用する技術である。たとえば、板書しながらも生徒を観察したり、教室内を巡回して生徒のつぶやきを拾ったりしながら、教師は発問を行っている。さらに、設計の段階で十分な準備が必要であるが、実施においては、クラスの様子を観察して臨機応変に対応することも必要である。

板書の技術

　板書は、黒板に授業の要点や生徒の意見などを書き込む作業である。児童・生徒に伝達する内容を文字と絵図などで示す行為であり、教師による説明や教科書などを補完する手段としても行われる。教師の話は一過性で聞き逃すことがあるが、板書は学習者がノートに書き写すので記録性がある。一方、児童・生徒は、教師が板書した内容をすべてノートに写そうとする。授業中に板書すべき内容をどのように選び、どのような順序で書くか、そしてどのように消していくのかなどそのすべてにおいて工夫と技術が必要である。

　板書を計画する際、授業内容の中から黒板に書くものと省くものを選別する。その際、要点を選びだすだけではなく、黒板という平面の空間に書き込んだ内容の構造を描くことも考慮して計画する。授業を終えるとき、黒板を一瞥すればその授業の内容と構造がわかるともいわれ、すべてを書き終えた姿にも意味がある。板書は、授業の進行に合わせて書き足していくものであり、途中で部分を消すということも行われる。つまり、その過程についても意味がある。

　板書をする時、教室のどの位置からでも読めるように描くことは原則である。文字の大きさと使用するチョークの色についても、天候によって見え方に違いがある。教育実習においては、授業中でも、板書が十分に見えるかどうかをチェックすることも必要であろう。

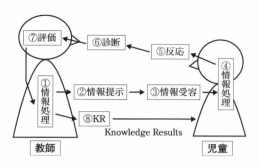

図10-2　教授学習過程を情報処理の視点で図式化
（坂元昂『教育工学の原理と方法』明治図書 1971）

児童生徒とのコミュニケーション

　教師は、口頭での説明のほかに、板書した文字と絵図、時には自身の身振り で教育内容を「教授」する。生徒はこれを受け取って「学習」する。授業は、 この教授学習の過程が連続したものである。この教授学習過程は、「教授とそ れに対応した学習」という単純なプロセスと考えられていた。これに対して、 図10-2のような教授学習過程のモデルが提案された。従来は、教授学習は① から⑦の過程とされていたが、実際に授業を観察・記録し、教師と生徒の行動 を分析した結果、図10-2の⑦—⑧の過程が存在し、かつその重要性が示され ている。過程⑧は、KR（Knowledge of Results：結果の知識）と呼ばれるフィー ドバックである。教師は生徒の反応をみて、それを評価し、「正しいです」「間 違っていますね」「自分の言葉でいってみよう」「はい、よくできました」「な るほど」などのように感想を述べたり、正誤を示したりする。生徒は、教師か らのKRにより自分（ら）の反応の結果、すなわち学習の状態や程度を知るこ とができるのである。このKRの重要性を示唆するベテラン教師と教育実習生 の教授学習過程を比較分析した例を紹介する（坂元昂『教育工学』放送大学教育 振興会 1991）。対象は小学校3年生、社会科の同じ指導案でそれぞれのクラス で授業を実施し、分析されている。ベテラン教師と実習生の情報提示、児童の 情報受容は同じ量であった。発言など児童の積極的な反応には大きな差があり、 実習生の授業はベテラン教師のそれを大きく下回っていた。ベテラン教師は、

児童の反応をよく観察（診断、評価）し、さらに KR 情報（児童・生徒の反応に対する教師からの応答。うなずきや励ましなどもこれにあたる）を多く発していた。これは、教師と児童生徒の間で主体的で積極的なやり取りの多い活発な授業を実現するためには、教師の児童生徒の観察と KR の重要性がわかる事例である。

発問の技術

　授業は、教師から教育内容を一方的に解説、講義するだけでない。教師は、児童・生徒に思考活動を促し、かつその思考に質的変化をもたらす働きかけを行う。例えば、授業の冒頭において本時の学習課題を明瞭に把握させる発問をする。それは、生徒に正答を求めるものではなく、投げかけられた課題について生徒一人ひとりが自身の既知経験や既習内容などを確認し、本時へ知的興味を生起し、追究する意欲を引き出すことを狙う拡散的な発問である。

　1つの意見に偏らないように、複数の対立するような意見を出させるなどして、思考をうながすような対置的な発問も授業の山場を作る工夫の1つである。もちろん、授業内容の理解度を確認する単純な発問として、児童生徒の答えを手がかりとして連続させた発問もある。教育実習生の発問には、抽象的であるために生徒がどのように答えたらよいのかわかりにくいものがある。そのような抽象的な発問をした場合は、続けて具体的な内容で問いかける補助的な発問を組み合わせていくとよい。もちろん、これらは設計の段階で準備しておく必要がある。

机間巡視

　教室における教師による生徒理解の方法の一つに、机間巡視（机間指導）がある。生徒の作業をチェックするような単なる「見回り」ではなく、「指導活動の一つ」として意味がある。その働きは、児童生徒一人ひとりのつまずきや学習状況を把握するための観察と実態把握につながり、作業の進み具合などからクラス全体の傾向をつかむことができる。また、必要に応じて、個別に指導助言することのできる機会にもなる。

3　教育におけるメディアの種類

　一般に、ある目的をもった活動を行う場合、その方法を定め、さらにそれを効果的に実施するために必要な技術を用いる。方法が決まると、技術も必然的に選択されるのである。もしくは新しい技術の開発が行われる。教育においても方法と技術の関係は同様であり、教育方法は教育技術の上位概念と捉える。しかし、近年の情報通信社会の発展と教育への情報通信技術の普及が急速に進む中、技術が方法を左右するケースもでてきている。例えば、内閣に設置されている「高度情報通信ネットワーク社会推進戦略本部（IT戦略本部）」において、新たな情報通信技術戦略を検討しており、平成22年5月現在、「国民主権の社会を確立するための新たな情報通信技術戦略（案）」の目標の1つに「2020年までに、情報通信技術を利用した学校教育・生涯学習の環境整備等により、情報通信技術を自在に活用できる社会を実現する」ことを挙げ、重点施策として、「子ども同士が教え合い学び合うなど、双方向でわかり易い授業の実現等が図られるよう、21世紀にふさわしい学校教育の環境を整備」することが検討されている。

　　コンピュータに代表される情報処理機器、さらにインターネットに代表されるネットワーク社会の到来と通信機器の発達が、教育技術（学習技術と呼ぶ方が適するかもしれない）の多様性を増し、教育内容とともに、教育方法の変化を促している。そのため、学校教員の免許取得に必要な科目の1つである「教育の方法及び技術」には、括弧書き、「（情報機器及び教材の活用を含む）」がついている。学校教育において、高度情報社会に生きる児童・生徒に必要な資質（情報活用能力）を養うとともに、コンピュータ等の新しい情報手段の活用により教育効果を高める必要性が指摘されているのである。したがって、教員には、情報機器及び教材の活用能力を含む資質能力が求められている。

視聴覚メディアの種類

　　教育を教師と学習者の間で各種情報が伝達される場面と捉えると、教師と学習者の中間に位置するものが教育メディアである。代表的なものが教科書や黒

板であるが、掛け地図や写真、OHP（オーバーヘッド・プロジェクター）による
TP（透過）シートや学校放送・ビデオ教材の提示にいたるまでその種類は多様
である。

　これらは私たちの視覚と聴覚に働きかけるものであり、一般に視聴覚教材と
教具・機器を合わせて視聴覚メディアと呼ばれる。類似した言葉でマルチメディ
ィアという言葉も多く用いられる。これは、「文字、図・表、写真、動画、音
声などを総合的、複合的に扱い、かつ利用者がインタラクティブに情報の入出
力ができる情報システム」という意味である。映像再生ができるコンピュータ
は、マルチメディアのシステムの代表的なものである。さらに、現代では衛星
放送やインターネットのような情報通信の教育利用も広がっており、これら情
報通信環境もメディアに含めて考えることができる。実際の教育現場では、視
聴覚メディア単独での使用ではなく、教師の口頭による解説を伴い、さらに複
合的に用いられることが多い。視聴覚メディアの記録方法がアナログ方式から
デジタル方式へ変わり、装置本体と記録媒体の小型軽量化が進み、これらのメ
ディアは、次の2つの性質をもつ。

　①保存性：ある事象や事物を記録し、再現することができる。ビデオ録画は、
　　過去の出来事を記事や写真よりもリアルに現在に伝えることができる。ま
　　た繰り返してみることができることも特徴である。さらに、デジタル化に
　　よる保存性と複写再現性がさらに高まり、複製が容易でその内容を広く活
　　用することが可能になった。

　②操作性：捉えた現実の姿を編集など（操作）によって、いっそう学習に効
　　果的な見せ方ができる。時間を短縮して気象衛星の画像を提示することで、
　　雲の動きの把握と理解を容易にし、街の風景を過去から現在までの写真を
　　連続してみることで、その変貌を意識化するなどの効果が期待できる。さ
　　らに、従来に比べ安価になっているのでクラスで数台使用することもでき
　　るようになっている。

メディアによる学習経験

　学習者にとって、一般に写真よりは動画が効果的であり、テレビよりは高精
細のハイビジョンの方がより臨場感が高いなどメディアの種類によって学習す

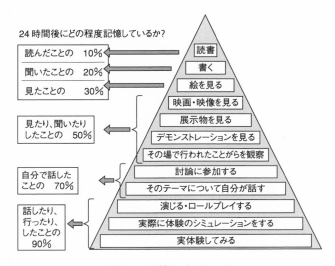

図10-3　記憶のピラミッド

（本田恵子『脳科学を活かした授業をつくる』2006）

る体験の具体性が異なる。米国のデールは、映画やテレビなどメディアを通じ
ての経験を、直接的な体験から抽象的なものまで11段階に分類した「経験の
円錐」を提案している。文字や言語として表したものがもっとも抽象的である。
たとえば、理科の実験の手順において、教師による言葉と板書による説明と教
科書で学習者に伝達することはこれにあたる。説明に、図や写真を加えて視覚
的な工夫を加えたり、ビデオ映像で見せたり、さらに教師がその手順を実際に
行って見せる演示などでさらに具体的に学習者に伝わる。学習者自身が直接そ
の手順を行う体験がもっとも具体的な経験となる。この「経験の円錐」に、24
時間後にそれぞれのメディア体験での内容をどの程度記憶しているのかを加味
してさらにわかりやすくしたものが図10-3である。

　従来のメディア活用は、制作された視聴覚教材を教師が使うという受動的な
メディア活用であったが、現在では学校や教師がカメラやビデオカメラを所有
し、画像や映像を用いた教材を独自制作できるようになった。さらに、学習者
自身がカメラやビデオカメラを操作し、画像・映像を記録、編集できるように
なってきた。そのような授業では、生徒は自身の直接的な体験を映像メディア
によって抽象的な体験に置き換え、クラスのみんなと振り返るという新しい形

態の経験ができるようになる。そのようにメディアの可能性を探り、授業に積極的に取り込む研究と実践が進んでいる。

メディア使用の指標

　教育メディアを活用するにあたっては、その目標を明確にしておくべきである。また、教材作成に時間と労力がかかることも事前に念頭に入れておく必要がある。新しい機器やメディアを使ってみたいというような教師の一方的な欲求で使用してはいけない。

　授業などその教育場面において、目標と目的を常に念頭に置き、学習もしくは教授においてどのような機能がメディアに求められるかを明確にし、具体的にメディアを選択することが大切である。前述の「記憶のピラミッド」（図10-3）をその判断の指標として用いるのもよい。また、つぎのような指標が提案されている（文部省「視聴覚教材利用の手引き」1952）。

　(1)学習指導を能率化する。

　　①学習理解のための時間を節約する。

　　②学習のまとめに役立つ。

　　③学習指導を活気づける。

　　④学習を動機づける。

　　⑤学習経験のための努力を軽減する。

　　⑥知識技能の学習を容易にする。

　　⑦いろいろな角度からの指導や学習を可能にする。

　　⑧学習の対象を明確にする。

　　⑨学習のための経費を節約する。

　　⑩学習経験の内容を豊富にする。

　(2)学習する際の心理的な側面に効果をもたらす。

　　①学習への興味を喚起する。

　　②記憶を明瞭にし、強める。

　　③記憶を容易にし、永続化する。

　　④注意力・思考力を養う。

⑤推理・判断・想像を刺激する。

⑥望ましい態度や習慣を形成する。

　授業における視聴覚メディアの利用は、教師自身の観点でも検討する必要がある。すなわち、授業者にとってのメディアの経済性である。ここでの経済性とは、時間と労力、さらに教師の力量である。例えば、電子黒板を使用するためには、事前に機器の動作確認が必要である。また、授業当日も、機器の運搬と設置、そして片付けの時間が通常より余分にかかる。前後の授業の調整も必要になる場合がある。機器を用いる場合、突然不調になる場合の対処も用意しておかねばならない。利用経験が浅い場合は、実際の操作手順はもちろん、事前に教室で提示して、文字の大きさや色使いなど生徒の席から確認すべきチェック項目は多い。特に学習者側として利用経験の少ないメディアを教師として活用する場合は、その効果を実感できないため、いっそうの慎重さと丁寧さが求められる。

4　ICT活用の授業づくり

　メディアを活用した教育は、視聴覚教育としてその実践と研究がなされている。視覚的・感性的な教材、教具を使用して、学習者が視覚と聴覚を活用して行う教育とその方法について実践と研究が続けられてきた。情報社会の到来により、ICT（Information and Communication Technology）を用いた授業の開発と実践が求められる。

液晶プロジェクターと黒板

　研究発表や研修会において、パソコンの画面を液晶プロジェクターでスクリーン提示するプレゼンテーションが普及している。液晶プロジェクターの輝度（照射する明るさの程度）が十分であることが前提になるが、次のような使い方もある。

　デジタルカメラに記録した写真を液晶プロジェクターで黒板に投影する。デジタルカメラには、記録された画像・動画を外部出力する機能も持つものがあ

る。これと液晶プロジェクターとその電源が1つあればよいので、比較的容易であろう。投影する画像は、さまざまな可能性が考えられる。たとえば、草花を上から撮影した写真を見せることで、葉の付き方がより多く日光を受け止めるようになっていることに気づかせたり、成長記録経過を見せたりできる。また、最近のポータブル端末（Apple 社 iPod など）にパソコンで作成した画像を保存、外部出力することができる。説明文の文章や白地図、数学の図形や XY グラフを提示して、黒板上に投影している画像の上に、チョークで書き込みながら説明することも可能である。

電子黒板

　近年、電子黒板という手書き表示装置による新しい授業方法が検討され、教室への配置が進んでいる。電子黒板とは、①コンピュータの画面をそのまま提示できる、②その画面に手書きができる、③大画面提示がされるという3つの機能をもつものを指す（清水康敬編著『電子黒板で授業が変わる』高陵社書店2006）。従来のプレゼンテーションと大きく異なる点は、映し出している画像そのものに手書きすることができるという点である。書き込んでいる教師の姿が黒板での板書のように児童生徒の視界に入っているのである。それは大きく3つのタイプに分けられる。大画面として独立した装置（写真 10-1）を有するものと、黒板に液晶プロジェクタで投影しセンサーを取り付けるもの（写真10-2）そして、タッチパネル付の大型プラズマディスプレイである。これらで

写真10-1　電子黒板の例1

写真10-2　電子黒板の例2

活用するコンテンツとして、デジタル掛図（従来の掛図をデジタル化したもの）、デジタル教科書（教科書を電子書籍のようにしたもの。なかには、挿絵が動画であったり、朗読機能のある製品もある）といったものが市販されている。

ICT 活用の効果

　平成 19 年 3 月に、独立行政法人メディア教育開発センターによって「ICT 活用による学力向上の証し－実証授業における指導の効果検証結果の報告」（文部科学省委託事業）が報告された。そこでは、ICT を活用した実証授業終了後に客観テストを実施し、ICT を活用しない場合のテストの結果と比較分析を行い、ICT 活用を実施した授業後の客観テストの結果が高いことと、児童生徒を対象にした意識調査を行った結果、ICT 活用は児童生徒の関心意欲や知識理解を高めることが示されている。

　1990 年代以降、学校教育への視聴覚メディア、情報通信技術の普及は著しい。さらに、その機能が多様化し、性能も革新的に向上し続けている。その結果、新しい機器が従来のメディアに対応せず、一度使用した教材が使えないケースが多く、開発されたメディア教材が継承されることなく数多く消滅している現実もある。それでも教師は、社会の要請に応えるために自身のメディア活用力を向上させ続ける自己研鑽が求められる。また、教師のメディア経験を、児童生徒の方が上回る場合もでてくるであろう。教師は常に視聴覚教育の原点と理論に関心をもち、新しい状況に対応していかねばならない。地元の教育センターや大学、学会などの開催するメディア関連の研修会や授業実践の研究会に参加するとよい。

5　教育を工学する

　教育の方法と技術は、授業をはじめとする様々な教育活動をその目標達成に向けて効果的、効率的に行うためにある。それは、授業など教育の仕組みを分析し、それを構成する様々な要素を組み合わせて効果を挙げる方法や教師の技術として開発されてきた。方法と技術を研究開発、習得するために、「工学」の考え方を持ち込むとよい。「工学」という学問は、「特定の目標を達成するた

めに効率的な手段や方法、装置などを設計し、制作し、運用すること」を研究することと簡単に説明できる。工学では、目標達成における効率性を重視しており、機械の開発や利用はそのための1つの手段にしか過ぎず、さらに効率に関与する人の満足度や経済性への考慮も含まれている。つまり、現実的かつ現場的なものである。また、目標を達成するための手段や方法をはじめから1つに限定せず、いくつかの代案を考え、現実の諸条件を考慮して最適化を図り、方法と技術を選ぶのである。これらは、授業改善に取り組む教師の姿勢とよく合致している。このような考え方で教育研究を行う学問は「教育工学」と呼ばれ、教育諸学問のなかでは比較的新しい領域である。その定義は、「教育工学とは、教育者がより適切な教育行為を選ぶことができるようにする工学である」（東　洋「教育工学について」『日本教育工学雑誌』第1巻第1号 1976）が理解しやすい。

第11章　道徳教育・特別活動の原理と方法

古賀　毅・佐藤　隆之

1　道徳教育の枠組と実施体制

　道徳教育は古くて新しい問題である。教育という営為が、心身の発達という科学的な側面での変化を支えるのみならず、陶冶とか人間形成と呼ぶ倫理的・価値的な成長を支えるものである以上、道徳教育を論じることは教育それ自体を普遍的に論じることと重なりやすい。とはいえ、教育に求められる内容や機能が現実社会の様態や課題の強い影響を受けるのも事実であるため、道徳教育は時代や国・地域ごとの教育課題をかなり直接的に引き受けるものでもある。

　道徳教育の研究・実践に際しては、内容の理解や児童・生徒への指導方法の習得といった実際的な部分だけでなく、道徳教育の論点を適切に整理することと、それを当事者として引き受ける意識や責任性を高めることが重要であろう。

全教育活動を通じた道徳教育

　第二次世界大戦後の日本の学校における道徳教育は、学校の教育活動の全体を通じて児童・生徒の道徳性を育むという方針（全面主義道徳教育）を基本にしてきた。したがって、各教科、外国語活動、総合的な学習の時間、特別活動などは、それら固有の目的をもつと同時に道徳性の育成に資するものでもあると考えられていた。

　第二次世界大戦までの小学校には修身科という教科が置かれ、教育勅語を中

心に国民（臣民）としての道徳を学ばせる機会として重視されていた。教科を置かない全面主義の方針が採られたのは、第二次大戦後の教育改革のときである。道徳教育を特定教科に負わせる方法は、指導する側からすれば内容が明快で指導しやすく、学ぶ側においても道徳を意識的に学ぶことができる。だが反面で、他の教科や分野と切り離された狭い視野で道徳を考えがちになり、教える（学ぶ）内容が明快である分だけ単純化されてしまい、真に求められる自律的・創造的な思考や行動をかえって妨げる恐れもある。国家権力にとって都合のよい事柄や道徳観のみを一方的に伝達する枠組みとして利用されてしまう弊も否定できない。全面主義の採用は戦前の道徳教育の反省に立つものでもあった。

特別の教科　道徳（道徳科）の導入

　しかし実際には、各教科は固有の目的・内容をもって指導されており、道徳と結びつけた指導は後回しになりがちである。また、児童・生徒に対してよほど働きかけを強めないかぎり、道徳という部分を自覚的に考えさせることは難しいであろう。そこで、1958（昭和33）年の学習指導要領以降、義務教育課程にあたる小・中学校には、全学年に週1時間の「道徳の時間」が特設され、各教科やその他の教育活動における道徳教育を有機的に結びつけ、より意識的・集約的に道徳を学べるような配慮がなされた。こうして全教育活動を通じた道徳教育と、要としての道徳の時間という枠組みが確立され、以後半世紀にわたって実施されてきた。その間にも、道徳を教科化して内容の充実や指導の徹底を図ろうとする主張はたびたび浮上したが、教育再生を掲げた安倍晋三内閣のもとで2015（平成27）年3月に学習指導要領が一部改正され、新たに「特別の教科　道徳」（以下「道徳科」）が設定され、2017年（平成29）年告示の学習指導要領にも内容がそのまま引き継がれている。

　従来の道徳の時間については、教科などに比べて軽視されがちであったこと、読み物の登場人物の心情理解に偏った形式的な指導になりがちであること、発達段階を十分に考慮せずわかりきったことを言わせたり書かせたりしがちだったことなどにより、期待される役割を果たせていないと指摘されていた。また、深刻化するいじめ問題への対応など、新たな教育課題を背景に、そのあり方を

めぐって議論が高まり、道徳を教科化して道徳教育のさらなる充実を図ろうとする意見が強く出るようになった。ただ道徳科は、既存の教科とは異なる「特別の教科」であるとされ、数値による評価を行わず、中学校道徳科の教員免許状も設定されなかった。

道徳の時間は教科ではなかったため教科用図書（いわゆる検定教科書）は存在しなかった。そのため学習指導要領の内容に沿った副読本が複数の出版社から刊行され、授業で用いられることが多かったが採用は教育現場の裁量にゆだねられた。しかし 2002 年度に文部科学省自身が『こころのノート』（小学校高学年・中学校は『心のノート』）という補助教材を制作しすべての小・中学生に配布したことで、この冊子が中心的な教材の位置を占めることになった。2014 年度からは『わたしたちの道徳』（『私たちの道徳』）として内容が一新されたものが配布され活用された。その後 2018・2019 年度に特別の教科としての運用が開始されるにあたり、検定を経た教科用図書が使用されるようになっている。

全体計画と道徳教育推進教師

教科教育と比較してみると、道徳教育は、全教育活動にまたがって行われ各教科などとの関連づけが不可欠であること、学習目標が抽象的なものになりがちで到達度や成果を確認しにくいこと、とくに教科担任制を採る中学校では教師の専門性とのずれを生じやすいことなど、実践上の困難さは否めない。また、生活習慣、生き方、善悪の判断など日常的で経験的な事柄を教師が場当たり的に指導して終わるという悪弊に陥ることもある。そこで、教科と同様かそれ以上に綿密な指導計画の立案が欠かせない前提となる。道徳科を中心として、全教育活動を通じた道徳教育の全体計画が作成されなければならないのである。

2008（平成 20）年の学習指導要領以降、各学校に道徳教育推進教師を置き、全体計画の立案に際して校長の方針の下に中心的な役割を果たすことが求められている。道徳教育は、個々の教師の方針や能力にのみ負うのではなく、教師相互の協力・協働や、学校外の関係諸機関、地域社会、さらには各家庭との連携協力を通じて実施されることがますます必要になってきている。全体計画の立案と実施、そして評価にわたって、組織的・計画的な取り組みが期待される。

2　道徳教育の実践

四つの視点

　学習指導要領では、道徳科における道徳教育は、小学校・中学校の全学年に共通するものとして「四つの視点」が設定され、その中に発達段階に応じた学習内容が盛り込まれている。これらは選択ではなく、すべての項目を指導計画に盛り込み、実施することとされている、また、以下は道徳科を要として全教育活動を通じて取り組むべき内容であることにも注意が必要である。

　第一の視点は「主として自分自身に関すること」である。生活習慣や自律的な態度の確立、目標へ向かって自己を高める意識、真理の探究、創造への意識などが含まれる。道徳は、知識として知るだけでなく態度化・行為化することこそが大切であるが、それは自律の意識を欠いて実現されることはないから、この視点はある意味で道徳の本質にかかわることでもある。ことに小学校高学年〜中学校では、常に親や教師の指示・指導の下で行動していた子どもが自立（自律）的傾向を強め、ときにおとなや既存の秩序に対して反抗的な態度をとることがある。この時期にさまざまな面で身体・精神の自律を促す支援が必要であることはいうまでもない。それは当然、中学生以降の道徳性の発達にも大きな影響を与える指導である。

　第二の視点は「主として他の人との関わりに関すること」である。礼儀、思いやり、感謝、友情、寛容などの内容が含まれる。あいさつや礼儀作法といった「形」には「心」の裏づけが常に必要とされる。小学校高学年、中学校と進むにつれて、いわゆる虚礼といった形式面に終始したり、照れなどから礼儀作法を拒んだりすることがある。指導に際しては、形式面に固執することやおとなの論理を一方的に押しつけるようなことのないよう配慮しなければならない。また、セクシュアリティやジェンダーとのかかわりに関しては、第二次性徴期にはとくに道徳観の形成に影響しやすいことでもあり、互いの理解と協力を軸に、生徒の心情に寄り添った計画を立案しておきたい。

　第三の視点は「主に集団や社会との関わりに関すること」である。この視点は、公徳心、法や規則の遵守、正義・公正さの意識、社会参画への自覚など集

団・社会における道徳的態度にかかわる部分と、家族、学級・学校、地域社会、国家、国際社会といった具体的な集団・社会を想定した場合の意識・態度にかかわる部分から成る。学校は学級・学年・全校あるいは部活動といったさまざまな規模の集団生活の場であり、また社会科などの教科や特別活動において多様な集団や社会に関する知識や態度を習得する場でもある。したがって、この第三の視点は学校教育の特性を発揮しやすい部分ということもできる。

第四の視点は「主として生命や自然、崇高なものとの関わりに関すること」である。小・中学校各学年とも発達段階に応じて、自他の生命の尊重、自然環境の保全への関心、人間の力を超えたものへの畏敬の念、よりよく生きる喜びなどが取り扱われる。現代の社会では、都市化の進展や科学技術の高度化に伴い、人間が自然によって育まれた存在であることが意識されにくくなっている。また、生命の軽視や人間万能主義への傾斜も指摘される。理科や保健体育、芸術教科などと関連づけて、人間の弱さ、脆さ、矮小さと、しかしそれを自覚し克服しようとする強さ、気高さを感じさせることが重要であろう。

道徳科の計画と実践

道徳科の指導にあたっては、全体計画における当該授業の位置づけ、ねらい、児童・生徒が直面している課題、既習事項などを考慮した上で、道徳科そのものの意義や特質を十分に理解しておかなければならない。

学級担任がほとんどの教科を指導する小学校では、児童の発達や児童個々のパーソナリティや教育課題について見通しを立てやすい。だが児童期の人間関係や価値観は思春期の訪れとともに大きく動揺し、子どもはそれを乗り越えて（ときに破壊して）成長していく。この視点を欠くと、道徳科の内容が単なる教師の願望や固定的な「子どもらしさ」の是認に留まることになってしまう。他方、教科担任制を採る中学校では、自分の担当以外の教科等の学習内容を把握しにくく、要としての道徳科の位置づけが難しい場合がある。また、教科ごとの教員養成を背景に、教師自身が生徒の道徳性や道徳教育への関心をあまりもっていないケースすらある。いわゆる青年期の発達への理解と、教科専門性を生かした道徳科の指導が求められる。教育課程におけるカリキュラム・マネジメントの視点は、道徳の指導計画ではとくに重要なものとなろう。

道徳科の実践に際しては、入念な計画とともに教材の選択が重要になる。教科書は児童・生徒の学習に資する目的で編集されるため、これを中心的に用いることで着実な成果を上げることができる。ただ同時に、道徳という事柄の性質上、多様な見方や考え方、一つの「正解」には集約されない問題、社会情勢の変化に伴って新たに出現する課題なども顧慮しておかなければならず、教科書に加えて、さまざまな種類の教材を準備しておくことが望まれる。

　書籍や新聞記事、テレビ番組、市販の映像ソフトなどは児童・生徒の関心を惹きやすい反面、道徳教材として作成されたものではないため、授業の目的とのずれを修正した上で教材化しなければならない。それらが成人である教師の関心や感性に合ったものであっても、児童・生徒の発達段階に見合うとはかぎらないし、「この部分を感じ取ってほしい」という願いが単なる教師自身の個人的な感覚にすぎないかもしれないからである。また、近年におけるIT化の進展に伴い、児童・生徒の情報源やコミュニケーション手段がIT機器などに偏る傾向があるが、そのことを踏まえると、彼らにとってなじみ深いITそのものを教材化して活用する方法、そして逆にそれを相対化してITの問題点を意識させる方法の両方を考えておきたい。

　教師は、道徳科の計画に迫られてから教材を探すのではなく、日常からさまざまなことに目を向け、教材になりそうなものを収集・保存し、児童・生徒の学習状況に見合ったものを適宜選択するようにしておきたい。

高校における道徳教育

　高等学校学習指導要領に「道徳」の章はなく、また道徳科も設けられていない。しかし総則には、「生徒が自己探求と自己実現に努め国家・社会の一員としての自覚に基づき行為しうる発達の段階にあることを考慮し、人間としてのあり方生き方を考え、主体的な判断の下に行動し、自立した人間として他者と共に生きるための基盤となる道徳性を養う」ための道徳教育を全教育活動を通じて行うことを定めている。進学率が9割を超える現在の高等学校は、内面の形成や人間関係の構築などに大きくかかわる段階であり、自分の興味・関心・適性や将来の可能性、生き方などについて深く自覚し探求する段階でもある。このことから、高校における道徳教育は、ある意味で小・中学校以上に意識さ

れなくてはならないものであるといえる。学習指導要領解説では、公民科（公共および倫理）と特別活動の役割がとくに重視されている。

3　道徳教育の今日的課題

青年期における道徳教育の重要性

　現代では、就学期間が長期化して社会的に自立する時期が後退し、一方では栄養状態の向上などにより身体の早熟化が起きている。このため心身の状態がアンバランスな青年期が前後に長くなっている。道徳教育では、従来ともすれば児童期における道徳性の確立やその支援に注目しがちであったが、青年期の特質や発達課題を踏まえた指導がいっそう重要になるだろう。

　児童期においては、生活習慣にせよ規範にせよ、「○○しなさい」「○○してはいけない」といったおとな（親や教師）の指示・命令が前提となり、その遵守が出発点となる。だが青年期においては、頭ではわかっていても態度化・行為化できない場合や、おとなに対する反発からあえて反抗的な態度をとる場合もある。そもそも、実社会における道徳的課題というのは、「○○しなさい」「してはいけない」だけでは表現できない、グレーゾーンや未知の領域を多く含むものである。青年期においては、既存の秩序や規範を守るだけでなく、新たな価値観を模索し創造していく態度も重要になるだろう。後述するような社会変化の時代にあっては、そうした態度なくしては真に人間らしく生きることは不可能だからである。

道徳教育観の拡張と展開——教科学習等との相互作用に向けて

　第二次世界大戦前に、修身科という徳目の習得に傾斜した教科を設定していたことの影響もあって、日本では道徳教育を、教科を中心とした知育と切り離して捉える傾向が強かった。戦後の全面主義が所期のねらいを十分に果たせなかったことにもそのことが影響した可能性がある。しかし、前項で述べたように、中等教育段階、発達段階でいう青年期の就学が普遍化し、いっそう重要な意味をもつようになった今日では、従来のような道徳教育の見方を拡張していく必要がある。中等教育段階の教科教育等を通じて形成される社会認識や科学

的思考が、道徳観や人間観に確かな根拠を与え、他者との冷静で有意な意見交換や価値の共有を可能にする。また、文学・芸術などの学習・鑑賞や種々の社会参加の経験を通して、道徳観を載せるべき土台の部分が磨かれ、より堅固なものとなりうる。教科等の学びと道徳教育は切り離されたものではなく、ときに融合され、ときに相互の往来を通じて深化を図るべきものなのではないだろうか。「教科の専門家」という側面の強い中学校・高等学校の教師は道徳教育を自身の専門の外側で捉えるのではなく、そこに引きつけて理解し、他の教科・分野の専門家との交流や協働を通じて、中等教育段階にふさわしい道徳教育のあり方を思考・指向していく必要があるといえるだろう。

　初等教育段階を含めて、日本の道徳教育では情意偏重、「心がけ論」への傾斜という問題がしばしば指摘されてきた。子どもは成長しておとなになり、そこでさまざまな現実的場面に遭遇する。単純すぎる心情理解や「きれいごと」のような整理に終わるのではなく、知的で科学的な探究や、人間の複雑で多面的な面に触れるような学びの経験を経てこそ、次項にみるような変化の時代における、強靭でしなやかな道徳性を身につけることができるのではないだろうか。

社会変化と道徳教育

　少子高齢化、IT 化、グローバル化、科学・医療技術の発達といった現代の事象は、道徳や道徳教育にも大きなインパクトをもたらしている。性や薬物の問題も、対処療法や単なる予防教育にとどまることなく、道徳教育において人間のあり方そのものを問うことを通じて自覚されるものであろう。

　急速な社会変化により、いま眼前にいる児童・生徒がおとなになったとき、さらなる変化が不可避となるため、道徳教育が目先の事象にとらわれて技術的・適時的な内容に走りすぎると、かえって陳腐化するリスクがある。しかし、現実の社会変化を適切に汲み取りながら自己と他者、集団や社会とのかかわりを思考させることは、人間や社会に対する動体視力を養うことにつながり、自ら主体的に道徳性を高める余地を大きくする。長い就学期間を経て生徒自身がそうした方向に向けて離陸できるよう、学校の道徳教育は絶えず自省し、態勢を整えておかなくてはならない。

4　特別活動とは

　特別活動とは、各教科、道徳、総合的な学習の時間、外国語活動と並んで教育課程を構成する一領域であり、小学校は学級活動・児童会活動・クラブ活動・学校行事の4つ、中学高校は学級活動（高校はホームルーム活動）・生徒会活動・学校行事の3つからなる。標準授業時数は、学級活動・ホームルーム活動については、年間35単位時間（学校給食に係わるものを除く、小学校第1学年のみ34単位時間）が、児童会・生徒会活動、クラブ活動、学校行事については、それぞれの内容に応じて適切な時数が充てられることになっている。

　教育課程を構成する各領域や時間と比べて特別活動は、理論的にも実践的にも注目度が高いとはいえないかもしれない。教職課程に特別活動を対象とする授業科目が設置されたのは、1988（昭和63）年の教育職員免許法の改正においてである。それまでは、特別活動について専門的に学ばなくても教師になることができた。特別活動に関する本格的な理論研究が着手されるのは、その改正以降といわれる。教師の多忙化が問題となり、学力向上が課題とされる今、特別活動が後回しにされがちな以前からの傾向に拍車がかかるおそれもある。

　しかし、「教科外活動」、「教科外教育」とも呼ばれる特別活動は、給食・休み時間・掃除の時間なども含めて、教科以外の実に多くの様々な活動を広く包括している。学校生活全体に占めるその割合は決して少なくない。児童会・生徒会活動のように子どもたちが主役になったり、学校行事のように実践的体験的な活動があったりするなど独自の役割を担っている。授業中心の学校生活にメリハリを与えたり、修学旅行のように非日常的な体験の場を提供したりするのも特別活動である。なによりも特別活動は、集団での合意形成に向けた話し合い活動や意思決定につながる活動や指導を行うことで学級経営の要となる。

　特別活動は、集団の中で適切に振る舞い、よりよく生きていくための態度や能力を身につけることに主眼をおく点で、内容的に道徳教育と重なる。「特別の教科　道徳」が新設されて道徳教育に力が入れられるようになったことから、特別活動の重要性も高まっている。ここでは新しい学習指導要領（小学校・中学校は平成29年改訂、高校は平成30年改訂）を参照しながら、特別活動の目標

や内容について考察する。なお、ここでは主に中学校学習指導要領における特別活動の規定を取り上げる。

5　特別活動の目標

　特別活動の目標は、次のとおり小中高でほぼ同一である。以下の下線部は相違があるところであり、<u>下線</u>に続く（　）内は中学と高校における文言である。

　　集団や社会の形成者としての見方・考え方を働かせ、様々な集団活動に自主的、実践的に取り組み、互いのよさや可能性を発揮しながら集団や自己の生活上の課題を解決することを通して、次のとおり資質・能力を育成することを目指す。
　⑴　多様な他者と協働する様々な集団活動の意義や活動を行う上で必要となることについて理解し、行動の仕方を身に付けるようにする。
　⑵　集団や自己の生活、人間関係の課題を見いだし、解決するために話し合い、合意形成を図ったり、意思決定したりすることができるようにする。
　⑶　自主的、実践的な集団活動を通して身に付けたことを生かして、<u>集団や社会における</u>（立体的に集団や社会に参画し［高校］）生活及び人間関係をよりよく形成するとともに、<u>自己の</u>（人間としての［中学］）<u>生き方</u>（在り方生き方［高校］）についての<u>考え</u>（自覚［高校］）を深め、自己実現を図ろうとする態度を養う。

　冒頭で言及されているように、特別活動固有の「見方・考え方」とは、「集団や社会の形成者としての見方・考え方」である。特別活動ならではの「見方・考え方」を働かせて、生活集団や学習集団の基盤を築き、集団への所属感や連帯感、さらには学級文化や学校文化を醸成することが目指される。
　このような目標は今回の改訂から、特別活動の特質をふまえて新たに設定された。特別活動は様々な集団活動の総体である。その活動範囲は学年・学校段階が上がるに従って広がり、社会生活に生かされるということが目標及び内容に反映されている。

(1)から(3)はそれぞれ、新学習指導要領で求められる「育成すべき資質・能力の三つの柱」である、「知識・技能（何を理解しているか、何ができるか）」、「思考力・判断力・表現力等（理解していること・できることをどう使うか）」、「学びに向かう力、人間性等（どのように社会・世界と関わり、よりよい人生を送るか）」に対応している。特別活動の目標を達成する上では、知識・技能（たとえば、基本的生活習慣、学校生活のきまり、社会のルールやマナー）を身につけ、それを活かして人間関係上の課題について考えたり判断したりしながら、自己の生き方・在り方や社会・世界を改善できるようにする総合的な指導が重要になる。

教師が特別活動をよりよく指導できるようにするために、目標を達成する指導の視点も定められた。(1)は「人間関係形成」、(2)は「社会参画」、(3)は「自己実現」が指導の視点とされる。特別活動の学習過程も、これまでの「望ましい集団活動を通して」から、「様々な集団活動に自主的、実践的に取り組み、互いのよさや可能性を発揮しながら集団や自己の生活上の課題を解決することを通して」へと改訂された。学習過程をより詳しく説明することで、指導について考えやすいようにしている。

6　各活動・学校行事の目標と内容

特別活動を構成する各活動・学校行事の目標と内容は以下のとおりである。

学級活動（高校はホームルーム活動）

学級活動の目標は、「学級や学校での生活をよりよくするための課題を見いだし、解決するために話し合い、合意形成し、役割を分担して協力して実践したり、学級での話合いを生かして自己の課題の解決及び将来の生き方を描くために意思決定して、実践したりすることに自主的、実践的に取り組むことを通して、第1の目標に掲げる資質・能力を育成することを目指す」ことにある。このように学級活動は、学級や学校でよりよい生活を送りながら、自己の課題を解決し、自己の将来を切り開いていくことを主たる目標とする。学級や学校で安心して生活できることは、自己肯定感の醸成、学力の形成、さらには将来

の社会生活に少なからぬ影響を与える。いじめ問題の解決という観点からも重要な活動である。

　この目標を達成するための内容は以下の三点からなる。(1) 学級や学校の生活づくりへの参画（ア　学級や学校における生活上の諸問題の解決、イ　学級生活の充実や向上のための主体的な組織づくりや仕事の分担による協力、ウ　生徒会のような学級の枠を超えた多様な集団における活動や学校行事において、学級としての提案や取組を話し合いで決める）。(2) 日常の生活や学習への適応と自己の成長及び健康安全（以下のような視点から集団生活をつくる。ア　自他の個性の理解と尊重、イ　男女の相互理解、ウ　心身に関する理解に基づいた悩みや不安への対応、エ　心身の健康の保持増進、オ　給食の時間を中心とする望ましい食習慣や食事を通しての人間関係の形成）。(3) 一人一人のキャリア形成と自己実現（ア　社会生活、職業生活との接続を踏まえた主体的な学習態度の形成と学校図書館等の活用、イ　社会参画意識の醸成や勤労観・職業観の形成、ウ　主体的な進路の選択と将来設計）。以上のような多様な集団活動において、学級やそこでの一人ひとりの子どもの状況を継続的にみとり、柔軟に対応していくことが肝要になる。

生徒会（小学校は児童会）活動

　生徒会の特徴は、特別活動における様々な集団活動を、全校生徒を会員とする活動組織において展開するところにある。目標は、「異年齢の生徒同士で、学校生活を充実・向上させるための諸問題の解決に向けて、計画を立て役割を分担し、協力して運営することに自主的、実践的に取り組むことを通して、第1の目標に掲げる資質・能力を育成することを目指す」ことにある。

　主な内容は、(1)生徒会の組織づくりと生徒会活動の計画や運営、(2)学校行事への協力、(3)ボランティア活動などの社会参画である。主な活動としては、学級代表・各委員会の代表・部活の代表などから構成される代表委員会、新聞・放送・図書・環境美化・飼育栽培・健康・福祉ボランティアなどの各種委員会活動、生徒会主催で行われる集会活動（全校集会や学年集会など）や集団活動（あいさつ運動や遅刻防止運動など）などがある。

　生徒が主役となって計画し実行する自発的、自治的な活動であることから、主体性の育成が他の集団活動にも増して重要となる。生徒会活動には、学年の

枠を超えて全校的な縦割で行われる活動が多く含まれるのみならず、近隣の地域における環境美化やボランティア活動のように学校の枠を超えた活動もある。学校と地域や家庭との連携が問われる。

学校行事

　学校行事の目標は、「全校又は学年の生徒で協力し、よりよい学校生活を築くための体験的な活動を通して、集団への所属感や連帯感を深め、公共の精神を養いながら、第1の目標に掲げる資質・能力を育成することを目指す」こととされる。特別活動における集団活動の中でも学校行事は、集団の結束力を強め、公共心や協調性を養うことにとくに重点をおいている。公共精神は平成20年版学習指導要領において付け加えられた。入学式や卒業式などにおける国旗掲揚・国歌斉唱も規定されるようになったことと併せ考えると、ここでいう「所属感や連帯感」は社会や国家のレベルまで深めることが求められているといえる。

　学校行事の内容は5つに分かれる。(1) 儀式的行事（全校の生徒及び教職員が一堂に会し、学校生活に変化や折り目を付ける行事。入学式、卒業式、始業式、終業式、開校記念に関する儀式、朝会など）、(2) 文化的行事（学芸会や文化祭のように日頃の学習成果を互いに鑑賞する行事、演劇や伝統芸能などの鑑賞会や講演会のように外部の文化的な作品や催し物を鑑賞する行事）、(3) 健康安全・体育的行事（心身の健全な発達や安全に関わる行事。健康診断、避難訓練、防災訓練、交通安全、運動会など）、(4) 旅行・集団宿泊的行事［小学校は遠足・集団宿泊的行事］（平素とは異なる環境での集団活動をとおして、集団生活の在り方や公衆道徳などについて望ましい体験を積む行事。他に野外活動や自然観察活動など）、(5) 勤労生産・奉仕的行事（働くことの尊さを体得したり、職業や進路に関わる体験をしたり、社会奉仕の精神を養ったりする活動。飼育栽培、校内美化、福祉施設との交流、職場体験、学校内外のボランティアなど）。このような集団活動を貫く特徴としては、参加・参画による体験が多い、重要な節目を飾ったり非日常的な体験を積ませたりして学校生活に秩序と変化を与える、学校の特色や校風を反映させやすい、といったことが指摘できる。

　いずれにおいても、先にみた特別活動の目標とされる3つの「資質・能力」

の育成が共通して目指されている。その一方で、それぞれの独自性も認められる。

　学級活動と生徒会活動においては、「役割を分担して協力し」ながら、「自主的、実践的に取り組む」ことが求められている。それに対して学校行事においては、「所属感や連帯感」や「公共の精神」の育成が重視されている。

　学級活動では「話し合い」、「合意」を「形成」しながら、一人ひとりが自分自身の課題を見つけて解決するとともに自分の「将来の生き方」について「意志決定」することに重点がおかれている。他方、生徒会活動で重点がおかれているのは、学校生活全体において生じる諸問題の解決である。

　なお、小学校のみ教育課程に含まれる「クラブ活動」の目標は、「異年齢の児童同士で協力し、共通の興味・関心を追求する集団活動の計画を立てて運営することに自主的、実践的に取り組むことを通して、個性の伸長を図りながら、第1の目標に掲げる資質・能力を育成することを目指す」ことにある。内容には、(1)クラブの組織づくりとクラブ活動の計画や運営、(2)クラブを楽しむ活動、(3)クラブの成果の発表、などがある。授業時数外の取り扱いとなり、主として第4学年以上の児童から組織される集団活動に適切な時数を充てることになっている。「クラブ活動」は1989年の改訂で中・高では「部活動」で代替可能とされ、次の改訂（中学は1998年、高校は1999年）で廃止となった。

　クラブ活動であれ部活動であれ、興味・関心を共有する同好の士によって営まれる集団活動であり、学校生活の楽しさや満足度を高める効果が期待される。中学高校の部活動については、学習指導要領第1章総則の中で、スポーツや文化及び科学などに親しませることの他、学習意欲の向上、責任感・連帯感の涵養など学校教育が目指す資質・能力の育成に資すると記されている。クラブ活動や部活動は教科の学習や道徳教育に対する効果も期待される。

7　特別活動の意義と課題

　特別活動の方法原理は「なすことによって学ぶ」ことにあるが、その意義を理解してどう実現するかは古くて新しい課題である。一人ひとりの生活経験や体験活動に裏打ちされた特別活動は、生きた学びの場を提供する。それは教科

などで学んだことを、実際に生活や行動に生かす機会となる。現実に起きた問題に創意工夫を発揮して取り組む余地が広く、生徒の学ぶ意欲や自主性を喚起しやすい。また、成功だけではなく失敗からも学び、実生活を生き抜く能力や態度を養うことも期待される。

　そのように特別活動は、知識伝達中心になりがちな各教科における学びを、主体的で対話的な学びに転換する可能性を秘めている。とりわけ特別活動は、生徒会（児童会）活動のように、児童生徒が自治活動に自分たちで試行錯誤しながら取り組み、自治能力を養う貴重な機会を多く含んでいる。民主的な社会を担う自覚や責任をもった市民となる学びの場という観点からも注目に値するだろう。そのような意義が認められる点において特別活動は、新学習指導要領が目指す学びを実践する上で、教育課程において重要な位置を占めている。

　生きた集団活動を多く提供しうる特別活動は、「なすことによって知る」ことに基づいた本来あるべき学びを体現する活動になりうる。その可能性を実際に実践に結びつけることは容易ではないだろうが、学習指導要領改訂のねらいを見据えて、学校における学びの質の転換という大局的な視点から特別活動の意義を生かす活動を実現することが今後の課題となる。

第12章　総合的な学習（探究）の時間の原理と方法

小林　宏己

1　総合的な学習（探究）の時間のねらいと位置づけ

教育課程上の導入と改訂の経緯

　総合的な学習の時間は、小学校及び中学校が1998（平成10）年、高等学校は1999（平成11）年、それぞれ学習指導要領改訂で新設された時間である。

　この時間の導入に際し、1996年の中央教育審議会「21世紀を展望した我が国の教育」（第一次答申）は、これからの教育の在り方として「ゆとりの中で『生きる力』をはぐくむ」との方向性を示す中で、「『生きる力』が全人的な力であるということを踏まえると、横断的・総合的な指導を一層推進しうるような新たな手立てを講じて、豊かに学習活動を展開していくことが極めて有効であると考えられる」として、「一定のまとまった時間（総合的な学習の時間）を設けて横断的・総合的な指導を行うこと」を提言した。総合的な学習は、こうした提言を具現化する「時間」として、小学校第3学年から高等学校修了時までの教育課程に位置づけられた。

　総合的な学習の時間の導入をめぐっては、従来の教科を中心とした学習のあり方に比べて、教材内容や指導方法の不明確さなどから、その学習効果に関する論議を呼んでいた。その後、小学校から高等学校において全面実施されると、現実の実施状況とその成果について各学校種間で相当の差異が生じ、2003（平成15）年の中央教育審議会「初等中等教育における当面の教育課程及び指導の

充実・改善方策について」（答申）を受けた同年の学習指導要領一部改正においても、次のような指摘がなされた。

　「例えば、各学校において目標や内容を明確に設定していない、必要な力が生徒に付いたかについて検証・評価を十分に行っていない、教科との関連に十分配慮していない、適切な指導が行われず教育効果が十分に上がっていないなど、改善すべき課題が少なくない状況にあった。」

　この改正により、各学校において総合的な学習の時間の目標及び内容をより明確にするとともに、この時間に関する教育課程上の全体計画の作成と各教科・道徳・特別活動との関連を図る必要があること、さらに教師が適切な指導を行うことなどが示された。

　その後 2008（平成 20）年と 2017（平成 29）年に小・中学校で、2009（平成 21）年と 2018（平成 30）年に高等学校・特別支援学校で、それぞれ学習指導要領の改訂が行われた。特に 2017（平成 29）年と 2018（平成 30）年の改訂（以下、今回の改訂とする）においては、目標が大きく見直され、高等学校等の総合的な学習の時間については、その名称が「総合的な探究の時間」に変更された。

　これまでも総合的な学習の時間では、地域や学校、児童生徒の実態等に応じて、教科等の枠を超えた横断的・総合的な学習を進め、探究的で協働的な学習が進められてきた。特に、「①課題の設定→②情報の収集→③整理・分析→④まとめ・表現」の探究のプロセスが明示され、学習活動を発展的に繰り返していくことが重視されてきた。その成果は、全国学力・学習状況調査の分析等において、総合的な学習の時間で探究のプロセスを意識した学習活動に取り組んでいる児童生徒ほど各教科の正答率が高い傾向にあること、探究的な学習活動に取り組んでいる児童生徒の割合が増えていることなどに表れている。また、OECD が実施する生徒の学習到達度調査（PISA）を通じて、生徒の学習姿勢の改善に大きく貢献するものとして国際的に高く評価されている。

　その上で、今回の改訂を前にして、次のような課題が残されていた。

・総合的な学習の時間を通して育成すべき資質・能力、さらに明らかにすべき総合的な学習の時間と各教科等との関連について、学校により差がある。

・総合的な学習の時間と各教科等の関わりを意識し、学校全体で育てたい資

質・能力に対応したカリキュラム・マネジメントが行われるようにする。
・探究のプロセスの中でも「整理・分析」、「まとめ・表現」に対する取組が十分ではない。

総合的な学習の時間と総合的な探究の時間のねらい

今回の改訂においては、総合的な学習の時間の基本的な考え方として、「探究的な学習の過程を一層重視し、各教科等で育成する資質・能力を相互に関連付け、実社会・実生活において活用できるものとするとともに、各教科等を越えた学習の基盤となる資質・能力を育成する」ことがめざされた。そして、高等学校と特別支援学校では「総合的な探究の時間」が設けられた。

表12-1　中学校「総合的な学習の時間」と高等学校「総合的な探究の時間」の目標の比較

（中学校）第1　目標　探究の見方・考え方を働かせ、横断的・総合的な学習を行うことを通して、よりよく課題を解決し、自己の生き方を考えていくための資質・能力を次のとおり育成することを目指す。 (1) 探究的な学習の過程において、課題の解決に必要な知識及び技能を身に付け、課題に関わる概念を形成し、探究的な学習のよさを理解するようにする。 (2) 実社会や実生活の中から問いを見いだし、自分で課題を立て、情報を集め、整理・分析して、まとめ・表現することができるようにする。 (3) 探究的な学習に主体的・協働的に取り組むとともに、互いのよさを生かしながら、積極的に社会に参画しようとする態度を養う。	（高等学校）第1　目標　探究の見方・考え方を働かせ、横断的・総合的な学習を行うことを通して、自己の在り方生き方を考えながら、よりよく課題を発見し解決していくための資質・能力を次のとおり育成することを目指す。 (1) <u>探究の過程</u>において、課題の<u>発見と</u>解決に必要な知識及び技能を身に付け、課題に関わる概念を形成し、<u>探究の意義や価値</u>を理解するようにする。 (2) 実社会や実生活と<u>自己との関わりから問いを見いだし</u>、自分で課題を立て、情報を集め、整理・分析して、まとめ・表現することができるようにする。 (3) <u>探究</u>に主体的・協働的に取り組むとともに、互いのよさを生かしながら、<u>新たな価値を創造し、よりよい社会を実現しようとする態度を養う。</u>

＊（高等学校）の下線は筆者による

これは、中央教育審議会答申（平成28年12月）において、「高等学校においては、小・中学校における総合的な学習の時間の取組の成果を生かしつつ、より探究的な活動を重視する視点から、位置付けを明確化し直すことが必要と考

えられる」との指摘を受けたものである。総合的な探究の時間の目標では、高校生の発達の段階を考慮して、「自己との関わりから問いを見いだし」とあるように、「自己の在り方生き方に照らし、自己のキャリア形成の方向性と関連付けながら『見方・考え方』を組み合わせて統合させ、働かせながら、自ら問いを見いだし探究することのできる力を育成すること」としている。中学校までの学習と比べて、高等学校ではより質の高い探究をめざしているのである。

「解説 総合的な探究の時間編（平成30年9月）」（以下「解説」とする）では、これを「探究の過程が高度化する」と「探究が自律的に行われる」の2点で説明している。

「高度化とは、①探究において目的と解決の方法に矛盾がない（整合性）、②探究において適切に資質・能力を活用している（効果性）、③焦点化し深く掘り下げて探究している（鋭角性）、④幅広い可能性を視野に入れながら探究している（広角性）などの姿で捉えることである。自律的とは、①自分にとって関わりが深い課題になる（自己課題）、②探究の過程を見通しつつ、自分の力で進められる（運用）、③得られた知見を生かして社会に参画しようとする（社会参画）などの姿で捉えることである。」

「解説」はさらに続けて次のように述べている。

「今回の改訂において名称を変更して特質をもたせたことには次のような背景がある。一つは、この時期の生徒が、人間としての在り方を理念的に希求し、それを将来の進路実現や社会の一員としての生き方の中に具現しようと求めていることである。二つは、小中学校の総合的な学習の時間における学びがこれらの特質の具体化を可能としていることである。そして三つは、この時間における学びが社会的に期待されているからである。

社会への出口に近い高等学校が、初等中等教育の縦のつながりにおいて総仕上げを行う学校段階として、自己の在り方生き方に照らし、自己のキャリア形成の方向性と関連付けながら、自ら課題を発見し解決していくための資質・能力を育成することが求められている。」

各学校における目標の設定

各学校においては、第1の目標を踏まえ、さらに各学校での総合的な学習の

時間あるいは総合的な探究の時間の目標を設定することになっている。各学校においては、以下の2点を踏まえながら、どのような児童生徒を育てたいのか、どのような資質・能力を育てようとするのかを明らかにしていく。

(1)「探究的な見方・考え方を働かせ、横断的・総合的な学習を行うことを通すこと」、「よりよく課題を解決し、自己の生き方を考えていくための資質・能力を育成すること」という、目標に示された二つの基本的な考え方を踏襲すること。

(2)育成を目指す資質・能力については、「育成すべき資質・能力の三つの柱」である「知識及び技能」、「思考力、判断力、表現力等」、「学びに向かう力、人間性等」のそれぞれについて、第1の目標の趣旨を踏まえること。

2 総合的な学習（探究）の時間の内容と方法のあり方

4つの探究課題

総合的な学習の時間及び総合的な探究の時間の内容は、目標を実現するにふさわしい探究課題と探究課題の解決を通して育成を目指す具体的な資質・能力の二つによって構成される。目標の実現に向けて、児童生徒が「何について学ぶか」を表したものが探究課題であり、各探究課題との関わりを通して、具体的に「どのようなことができるようになるか」を明らかにしたものが具体的な資質・能力という関係になる。

具体的に、探究課題とはどのようなものか。例えば、総合的な探究の学習の場合、以下のものが「解説」で示された4つの探究課題の事例である。

〈現代的な諸課題に対応する横断的・総合的な課題〉
　（国際理解）外国人の生活者とその人たちの多様な価値観
　（情報）情報化の進展とそれに伴う経済生活や消費行動の変化
　（環境）自然環境とそこに起きているグローバルな環境問題
　（福祉）高齢者の暮らしを支援する福祉の仕組みや取組
　（健康）心身の健康とストレス社会の問題　など
〈地域や学校の特色に応じた課題〉
　（町づくり）地域活性化に向けた特色ある取組
　（伝統文化）地域の伝統や文化とその継承に取り組む人々や組織

（地域経済）商店街の再生に向けて努力する人々と地域社会
　　（防災）安全な町づくりに向けた防災計画の策定　など
　〈生徒の興味・関心に基づく課題〉
　　（文化の創造）文化や流行の創造や表現
　　（教育・保育）変化する社会と教育や保育の質的転換
　　（生命・医療）生命の尊厳と医療や介護の現実　など
　〈職業や自己の進路に関する課題〉
　　（職業）職業の選択と社会貢献及び自己実現
　　（勤労）働くことの意味や価値と社会的責任

探究的な学習過程

　「解説」では、総合的な学習の時間及び総合的な探究の時間で探究的な学習を実現するためには、以下のような学習過程をふまえることが重要とされる。
　①【課題の設定】体験活動などを通して、課題を設定し課題意識をもつ
　②【情報の収集】必要な情報を取り出したり収集したりする
　③【整理・分析】収集した情報を、整理したり分析したりして思考する
　④【まとめ・表現】気付きや発見、自分の考えなどをまとめ、判断し、表現する
　　ここでの情報とは、判断や意思決定、行動を左右する全ての事柄を広く捉えたものである。言語や数字などの記号、映像や写真など視覚化されたもの、具体物や体験活動など、対象に直接関わることで、情報は入手可能となる。
　　上記の探究の過程①〜④はその順番が固定化されたものではない。一つの活動の中で前後したり、複数の過程が含まれたりする場合もある。探究過程の一つのイメージである。まず教師がそれを自覚し、探究的な学習の具現化を図るため、有効に活用しながら、探究の質を高めていくことが望ましい。

協働的な学習活動

　　総合的な学習の時間及び総合的な探究の時間においては、異なる他者と協働して主体的に課題を解決しようとする学習活動を重視している。それは多様な考え方をもつ他者と適切に関わったり、社会に積極的に参画したりする資質・能力の育成につながるからである。特に、協働的に学ぶ意義として、「解説」では、次の4つを意識することが重要とされる。

①多様な情報にふれる。情報の多様さ、多さはその後の整理や分析を質的に高めることに欠くことのできない要件となる。

②異なる視点から検討する。物事の判断や決断に迫られるような話し合い、意見交換を通じて、自他の考えが深まるようになる。

③力を合わせ交流する。一人でできないことも集団で実現することは多い。児童生徒同士ばかりでなく、地域の方々、専門家との交流を通じて解決を図っていく。それは同時に児童生徒の社会参加の意識形成へ通じていく。

④主体的・協働的に学ぶ。総合的な学習の時間は、一人一人がよりよく課題を解決し、自己の生き方を考える、あるいは総合的な探究の時間では、自己の在り方生き方を考えながら、よりよく課題を発見し解決していく―そのための資質・能力の育成をめざしている。それはすべての児童生徒を同じ方向に導くということではない。それぞれの児童生徒なりに主体的に学びつつ、協働的に学ぶよさも実感し、両者のバランスのうちに学びが充実する。

教科・科目における探究との違い

今回の改訂で、特に高等学校では、総合的な探究の時間のほか、古典探究や地理探究、日本史探究、世界史探究、理数探究基礎及び理数探究の科目が新設された。これらは、当該の教科・科目においても、探究を重視する方向で見直しが図られたものである。したがって、総合的な探究の時間については、さらに教科・科目の探究との違いを踏まえる必要がある。「解説」では、基本的には以下の三つにおいて異なるものとされている。

一つは、学習の対象や領域が、特定の教科・科目等に留まらず、横断的・総合的な点である。総合的な探究の時間は、実社会や実生活における複雑な文脈の中に存在する事象を対象としている。

二つは、複数の教科・科目等における見方・考え方を総合的・統合的に働かせて探究するという点である。他の探究が、当該の教科・科目における理解をより深めることを目的とすることに対し、総合的な探究の時間では、実社会や実生活における複雑な文脈の中に存在する問題を様々な角度から俯瞰して捉え、考えていくことをめざしている。

三つは、総合的な探究の時間における学習活動が、解決の道筋がすぐには明

らかにならない課題や、唯一の正解が存在しない課題に対して、最適解や納得解を見いだすことを重視している。

　教科学習と総合的な学習の時間及び総合的な探究の時間のどちらが重要か。教科で知識を身に付けさせ、総合で経験を積ませればよいというような、やや単純な割り切り方もある。しかし教科か総合かの二項対立は、知識と経験の分断に結果する。教科学習であれ総合的な学習の時間及び総合的な探究の時間であれ、本来学びが成立するためには知識も経験も必要なのである。

　学ぶ力は、基礎的・基本的な知識・技能を習得し、それらを活用しながら自ら考え、判断し、表現する、その全過程において発揮されていく。確かに習得したものを活用することで探究が深まる。しかし同時に探究過程を通じて、新たな知識・技能が習得され、いっそうの活用が促進されていくのである。習得と探究は学びの文脈において本来相互補完的であり、それはそのまま教科学習と総合的な学習の時間及び総合的な探究の時間の関係にあてはまる。教科で習得させ、総合で探究させればよいということではない。教科学習と総合的な学習の時間及び総合的な探究の時間の関連を十分に図り、両者の相互補完、相乗効果を上げていくことが今後ますます重要となっている。

　さらに総合的な学習の時間及び総合的な探究の時間は、小学校・中学校・高等学校及び特別支援学校の教員免許状を有する者すべてが、その指導にあたる。教科学習と同じく、その専門的知識と資質・能力などを積極的に身につけ、児童生徒に対する適切な指導力を発揮することが求められている。

3　教材の原理と学びにおける主体性

教材の特徴

　教材は、一般的に「教授および学習の材料。学習の内容となる事柄をいう場合と、それを伝える媒介となる物を指す場合とがある。教材研究の教材は前者、教材作成は後者になる」(「広辞苑」第六版、岩波書店)と説明される。このように「内容となる事柄」(教育内容・教材内容)あるいは「媒介となる物」として教材をとらえた場合、教科学習における教材の位置づけは各教科固有の目標と内容との関連から明確化されやすい。いわゆる親学問から基本的な知識・技能

を下降させ、児童生徒の認識・発達との調整を図りながら各教科の目標・内容と教科書に代表される主たる教材へと、系統的に配列、編集されていく。

　一方、総合的な学習の時間及び総合的な探究の時間の場合、各教科等のように、各学年で何をどう指導するのかという配列された目標と内容の明示はなく、学習指導要領上の「第1目標」と探究課題の事例提示にとどまる。他には、各学校における目標と資質・能力の設定に委ねるなど、極めて自由度が高く、創造性が問われる形になっている。

構築される教材

　総合的な学習の時間及び総合的な探究の時間における教材は、教師によって一方的に設定されるものとしてではなく、一度設定された教材が単元の展開過程を通じて固定的に存在するものでもない。それは児童生徒と教師の協働による新たな意味と価値の追究を媒介する存在として、捉え直す必要がある。所与の実在する「教材である」ものとしてではなく、児童生徒と教師がともにつくる協働的な学びの過程において、「教材になる」ものとして考えるのである。

　例えば、課題の選定段階で各自が問題意識を記したノート、調査活動を通じて収集した情報を記録したカード、そして探究活動を通じて得た自分の考えを総括的にまとまたレポートやポートフォリオなどは、クラスやグループにおける探究の過程でそれぞれ自他ともに比較・検討しあい、どれが有意な情報か、説得力をもって最適に成果を表現するにはどう修正すればよいか、児童生徒が相互に吟味・評価しあう際に具体的な考察対象物となっていく。特に、自他の思考・表現の間に、対立や矛盾、ずれや葛藤が生じる場合など、よりいっそう有意な「教材になる」のである。

　こうして教材は、探究過程とともに常に児童生徒の思考・表現活動の具体的な対象物として生成し、変化しながら存在していく。「教材になる」ものやことをとらえるためには、児童生徒が自他の思考・表現を対象化させて、どのようにメタ認知していくか、そのプロセスに着目する必要がある。

　教師が単元の構想を立てる際には、教育目標や探究過程に生まれる意味や価値を想定し、当初の教材と計画案を仮設する。これは未だ実践に入る前の段階における「0次教材」と「0次案」である。その後実際の探究過程において、

教材と計画案は、児童生徒と教師が協働的な学びを構築していく過程で1次、2次と生成・変化していく。単元の展開過程においてみれば、「0次教材」から「N次教材」、「0次案」から「N次案」へと変化していくことになる。

　総合的な学習の時間及び総合的な探究の時間においても、教材は、横断的・総合的な学習を行うための「内容となる事柄」あるいは「媒介となる物」である。教師は、児童生徒の探究的な活動で生まれた多様な思考・表現物から、目標の実現あるいは新たな意味や価値の創造に向けて最適なものを選び、授業の展開に生かす「N次教材」として位置づけていく。ここでは、教師が構想した単元の計画は、当初の想定通りに展開するとは限らない。むしろ、探究の過程から生まれる児童生徒の思考・表現物に基づき、その見とりと省察を丁寧に行うほど、新たな意味と価値を生み出す探究の可能性に気づいていくことになる。

　ここでは教師も児童生徒とともに「学ぶ人」そのものになりきることが求められている。総合的な学習の時間及び総合的な探究の時間がめざす学習過程を探究的なものにして、他者と協働して主体的に取り組む活動にするためには、児童生徒の思考に即した教材研究、活動研究の質的な向上が不可欠となる。

児童生徒の主体性と学びの関係

　総合的な学習の時間及び総合的な探究の時間においては、課題や活動を誰が設定するのかという問題が重要となる。課題や活動の設定に関する主体性のあり方を基準にして、教科と総合的な学習の時間及び総合的な探究の時間の関係とその類型化を試みたものが図 12-1 である。

　横軸は、課題や活動の設定・決定に関して誰が担うか、縦軸は、課題や活動の対象に関して、教科の論理か、児童生徒の興味・関心や社会生活に根ざした具体的で、現実的・切実な問題として設定するか、それぞれを対置している。

　AからDの4象限のうち、Bが典型的な教科学習である。Aは教科固有の目標達成をめざして行われる学習であり、児童生徒の特性に応じた課題学習、補充学習、発展的な学習などである。

　一方、CやDが総合的な学習の時間及び総合的な探究の時間に相当する。Cは、学校・教師の方であらかじめ取り組むべき課題を仮設・決定し、指導計画を明確にして進める「はじめに課題ありきの総合的な学習（探究）の時間」で

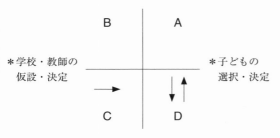

＊学問・科学の成果（教科）

B　　　A

＊学校・教師の　　　　　　　　　　　＊子どもの
　仮設・決定　　　　　　　　　　　　　選択・決定

C　　　D

＊現実的・切実な問題（興味・関心）

図12-1　教科と総合的な学習（探究）の時間の類型化

ある。Dは、「児童生徒の興味・関心に基づき」選択・決定させていく「児童生徒とともにつくる総合的な学習（探究）の時間」である。

しかし、この図はCの「はじめに課題ありき」とDの「児童生徒とともにつくる」を二項対立的に位置づけることが目的ではない。

矢印Cは「児童生徒の選択・決定」に向けたベクトルとして描かれている。たとえ学校・教師の方であらかじめ取り組むべき課題を仮設・決定し、指導計画を明確にして進める「はじめに課題ありき」であっても、用意された課題はあくまで仮設されたものである。それらは探究過程で常に見直され、児童生徒にとって学ぶ動機と必然を兼ね備えた活動へと修正・変化させていかなければならない。こうした柔軟性、可変性を前提にしなければ、「はじめに課題ありきの総合的な学習（探究）の時間」は、単に新たな一教科としての学習と何ら変わらぬものになってしまう。学校・教師が主導して始めた活動であっても、仮設された課題は極力柔軟に扱われるべきであり、探究過程で生まれる児童生徒の興味・関心を注意深く見とりながら、児童生徒の側に寄り添って修正していくことが必要不可欠となる。つまり、Cの総合的な学習の時間及び総合的な探究の時間は、将来Dの総合的な学習の時間及び総合的な探究の時間に発展・移行していくことを見通しながら、児童・生徒に多様な探究経験を保障し、主体的に課題を立案、選択、決定する資質や能力の育成を図るところに意義がある。

矢印Dは、「学問・科学の成果」に向けたベクトルとの往復関係が描かれている。これは、たとえ児童生徒が課題を決定した学習であっても、探究過程において学問・科学の世界に通じる学びの意味の発見、獲得がなされるべきことを表している。そして、再び児童生徒の興味・関心に基づく具体的で現実的な

問題への取り組みへ、その学びの成果と意味が生かされるようになることが求められるのである。児童生徒自身が決めたからよいのではなく、自律的な取り組みからどのような意味や価値との出会いが生まれるかが問われている。

総合的な学習の歴史と今後の課題

　総合的な学習は、近代教育の歩みのなかで、これまでにも多様なかたちで繰り返し提唱されてきた。それらは、教科学習の限界と教師主導による知識の注入に結果しがちな弊害に対する警鐘を打ち鳴らすとともに、その克服の方途を求める教育改革の歴史でもあった。

　19世紀末から20世紀初頭にかけてのデューイ・スクールの「プロジェクト学習」やキルパトリックの「プロジェクト・メソッド」はその代表的存在である。さらに1930年代および50年代のアメリカでは、中等学校のカリキュラムにおける総合化がさかんに試みられ、教科と教科の「関連」あるいは「融合」を図るカリキュラムが構成された。また1960年代のイギリスでは「インフォーマル教育」が注目され、既存教科を前提とした総合化ではなく、児童生徒が自分で学習テーマを設定し、自分で解決していく「トピック学習」や「プロジェクト・ワーク」といった総合的な活動が実践されている。

　日本においても、大正デモクラシー期に教師の注入主義的な教育を否定し、児童の学びを基調とした自由教育運動が興った。戦後においてはコア・カリキュラム運動が展開している。しかし、少なくとも日本の公教育において、総合的な学習の時間及び総合的な探究の時間が教育課程上これほど明確に位置づけられたことはなかった。かつて自由教育運動の系譜を引く一部の研究校や、先進的な教育実践家において取り組まれてきたに過ぎなかった総合的な学習が、今日ナショナル・カリキュラムとしての学習指導要領上に明記され、すべて学校において実践可能となっている意義はきわめて大きい。

　教師は児童・生徒とともに、より自由に創造的な実践を生み出すことが可能となった。このことを前向きにとらえ、教師の専門性が発揮できる好機をとらえるか、あるいは諸準備が面倒と受けとめ、総合的な学習の時間及び総合的な探究の時間に背を向けて担当教科の守備範囲に留まるのか。まずは教師の意識改革がよりいっそう望まれる。

第13章 小学校外国語教育の原理と方法

松川 禮子

　小学校学習指導要領が改訂され、小学校教育課程は、中学年3・4年生で外国語活動が開始され、高学年5・6年生では外国語が教科となった。標準時数は、3年と4年で各々年間35単位時間であり、5年と6年では70単位時間である。小学校への外国語教育の導入は、今回、低学年化と教科化という形をとることになったが、ここに至るまでに、おおよそ30年にわたり、さまざまな審議会等で検討されてきた。以下、小学校への外国語教育導入の経緯、小・中・高等学校を通じた外国語教育の改善、小学校外国語活動・外国語科の目標と内容、小学校で扱う「読むこと」「書くこと」、中学校との接続、の順に述べる。

1　小学校への外国語教育導入の背景と経緯

(1)　英語教育の開始時期の検討と研究開発学校の指定

　1986（昭和61）年4月、臨時教育審議会「教育改革に関する第二次答申」は、中・高・大の外国語教育の見直しを提言するとともに、「英語教育の開始時期についても検討を進める」とした。また、1991（平成3）年12月、臨時行政改革推進審議会（第3次行革審）の「豊かな暮らし部会」が、小学校への英語導入を検討するよう提言した。

　そして、1992（平成4）年以降、国際理解教育の一環としての英語教育を実験的に導入する研究開発学校が各地に指定され、小学校における外国語学習の在り方について実践研究が進められた。その結果を受け、1996（平成8）年7

月の第15期中央教育審議会第一次答申「21世紀を展望した我が国の教育の在り方について」において、「小学校における外国語教育については、教科として一律に実施する方法は採らないが、国際理解教育の一環として、『総合的な学習の時間』を活用したり、特別活動などの時間において、地域や学校の実態等に応じて、子供たちに外国語、例えば英会話等に触れる機会や、外国の生活・文化などに慣れ親しむ機会を持たせることができるようにすることが適当であると考えた」とした。

(2) 「総合的な学習の時間」における「外国語会話等」

1998（平成10）年に学習指導要領が改訂され、「総合的な学習の時間」が設けられるとともに、総則において「総合的な学習の時間」の取扱いの一項目として、「国際理解に関する学習の一環としての外国語会話等を行うときは、学校の実態等に応じ、児童が外国語に触れたり、外国の生活や文化などに慣れ親しんだりするなど小学校段階にふさわしい体験的な学習が行われるようにすること」と規定された。小学校での英語を使った体験的な学習は「英語活動」と総称され、学校裁量ではあるが、全国の小学校で広く行われることとなった。

(3) 外国語活動の必修化

何らかの形で英語活動を実施している学校の割合は平成15年度には既に約88％にまで達し、その後も年々増え続けた。このような状況から、2006（平成18）年3月、中央教育審議会外国語専門部会から「小学校における英語教育について（外国語専門部会における審議の状況）」が出され、その中で、「高学年においては、中学校との円滑な接続を図る観点からも英語教育を充実する必要性が高いと考えられる。英語活動の実施時間数が、平均で13.7単位時間（第6学年の場合）である現状を踏まえつつ、教育内容としての一定のまとまりを確保する必要性を考慮すると、外国語専門部会としては、例えば、年間35単位時間（平均週1回）程度について共通の教育内容を設定することを検討する必要があると考える」とされた。これを受け、2008（平成20）年1月中央教育審議会「幼稚園、小学校、中学校、高等学校及び特別支援学校の学習指導要領等の改善について（答申）」の中で、小学校段階の外国語活動については、「小学校

段階にふさわしい国際理解やコミュニケーションなどの活動を通じて、コミュニケーションへの積極的な態度を育成するとともに、言葉への自覚を促し、幅広い言語に関する能力や国際感覚の基盤を培うことを目的とする外国語活動については、現在、各学校における取組に相当ばらつきがあるため、教育の機会均等の確保や中学校との円滑な接続等の観点から、国として各学校において共通に指導する内容を示すことが必要である。」とし、外国語活動の新設が答申されたのである。文部科学省は、この答申を受けて、2008（平成20）年3月28日に小学校学習指導要領を改訂し、小学校第5学年及び第6学年に年間35単位時間の外国語活動が位置付けられたのである。

　外国語活動は教科ではないので、教科書はない。「総合的な学習の時間」における英語活動では、各学校や地域ごとに独自の教材が開発され、市販の絵カード等教材が活用されるなどした。今回の必修化での外国語活動新設に当たっては、教育の機会均等という観点から、条件整備の一環として、共通に指導する教育内容を国が示すことの必要性が論じられた。

　平成18年3月に中央教育審議会初等中等教育分科会の教育課程部会外国語専門部会が教育課程部会に提出した「小学校における英語教育について（外国語専門部会における審議の状況）」の中で、小学校における英語教育の現状と課題について、以下のような記述がある。

　　現在でも、90％を超える小学校において、総合的な学習の時間などで英語活動が行われているが、活動の内容や授業時間数には相当のばらつきがある。一方で、教科としての英語教育を実施する学校が増加していることを考慮すると、教育の機会均等を確保するという観点、特に中学校教育との円滑な接続を図るという観点から、中学校に入学したときに<u>共通の基盤が持てるよう、必要な教育内容</u>を提供することが求められると考える。

　また、平成20年1月の中教審答申の中でも、以下のように述べている。

　　現在、各学校における取組に相当ばらつきがあるため、教育の機会均等の確保や中学校との円滑な接続等の観点から、国として各学校において<u>共通に</u>

指導する内容を示すことが必要である。（下線部は筆者による）

　これらに示された「共通の基盤が持てるよう、必要な教育内容」「共通に指導する内容」を具体的に教材化したものが、2008（平成20）年度以降希望するすべての小学校に配布された『英語ノート』である。外国語活動必修化に伴う条件整備の一つとして提供されたものであるが、平成21年秋、行政刷新会議事業仕分けの結果、『英語ノート』23年度の配布をもって廃止となった。23年度からの新学習指導要領全面実施を受け、新たな文部科学省作成教材『Hi, friends!』が24年度より全小学校配布となった。

　2017（平成29）年に小学校学習指導要領が改定されると、移行措置期間用の教材として、中学年では『Let's Try! 1, 2』、高学年では『We Can! 1, 2』が作成され、新学習指導要領対応教材として配布されている。

2　小・中・高等学校を通じた外国語教育の改善

　新学習指導要領では、小・中・高等学校を通じた英語教育の改善・充実の方向性がいよいよ強化されている。これらの一連の動向の基になった「今後の英語教育の改善・充実方策について　報告〜グローバル化に対応した英語教育改革の五つの提言〜」（平成26年10月）は、以下のように述べている。

　　社会の急速なグローバル化の進展の中で、英語力の一層の充実は我が国にとって極めて重要な問題。
　　これからは、国民一人一人にとって、異文化理解や異文化コミュニケーションはますます重要になる。その際に、国際共通語である英語力の向上は日本の将来にとって不可欠であり、アジアの中でトップクラスの英語力を目指すべきである。今後の英語教育改革において、その基礎的・基本的な知識・技能とそれらを活用して主体的に課題を解決するために必要な思考力・判断力・表現力等を育成することは、児童生徒の将来的な可能性の広がりのために欠かせない。

新しい学習指導要領では、幼児期から高校までを貫き育てる子どもの力を、資質・能力と呼んでいる。そして、資質・能力は、「知識・技能」、「思考力・判断力・表現力等」、「学びに向かう力・人間性等」という3つの柱を基本としている。

　今回の学習指導要領改訂の特徴は、すべての学校段階で、またすべての教科で、育てるべき資質・能力が、この3つの柱の考え方で、貫徹されている点にある。外国語で育てようとする資質・能力についても、同様である。外国語教育における「知識・技能」、「思考力・判断力・表現力等」、「学びに向かう力・人間性等」の3つの資質・能力を明確にした上で、小中高、各学校段階の学びを接続し、「外国語を使って何ができるようになるか」が明らかになるように、目標・内容の充実・改善がされている。

　また、資質・能力の育成に向けて、すべての教科において「児童・生徒の主体的・対話的で深い学びの実現」を図ることが目指されている。その際、各教科固有の「見方・考え方を働かせる」という学びが強調され、外国語でも「外国語によるコミュニケーションにおける見方・考え方を働かせ」という文言が目標の前文に加わっている。

3　小学校外国語活動・外国語科の目標と内容

(1)　小学校中学年「外国語活動」の目標と内容

小学校学習指導要領では、外国語活動の目標を、次のように示している。

目標

　外国語によるコミュニケーションにおける見方、考え方を働かせ、外国語による聞くこと、話すことの言語活動を通して、コミュニケーションを図る素地となる資質・能力を次のとおり育成することを目指す。

　　(1) 外国語を通して、言語や文化について体験的に理解を深め、日本語と外国語の音声の違い等に気付くとともに、外国語の音声や基本的な表現に慣れ親しむようにする。

　　(2) 身近で簡単な事柄について、外国語で聞いたり話したりして自分の考

えや気持ちなどを伝え合う力の素地を養う。

(3) 外国語を通して、言語やその背景にある文化に対する理解を深め、相手に配慮しながら、主体的に外国語を用いてコミュニケーションを図ろうとする態度を養う。

　目標は、前文と「資質・能力の３つの柱」に沿った具体目標で構成されている。(1) は「知識・技能」、(2) は「思考力・判断力・表現力等」、(3) は「学びに向かう力、人間性」に相当する。

　内容は、「知識及び技能」と「思考力、判断力、表現力等」に分けて示され、後者はさらに「情報を整理しながら考えなどを形成し、英語で表現したり、伝え合ったりすることに関する事項」と「言語活動及び言語の働きに関する事項」に分けて記されている。言語活動は、「聞くこと」「話すこと（やりとり）」「話すこと（発表）」の三領域別に具体的に例示されている。

　内容のうち、「知識及び技能」は以下のように示されている。

内容
（知識及び技能）
(1) 英語の特徴等に関する事項
　　実際に英語を用いた言語活動を通して、次の事項を体験的に身に付けることができるよう指導する。
　　ア　言語を用いて主体的にコミュニケーションを図ることの楽しさを知ること。
　　イ　日本と外国の言語や文化について理解すること。
　　（ア）英語の音声やリズムなどに慣れ親しむとともに、日本語との違いを知り、言葉の面白さや豊かさに気付くこと。
　　（イ）日本と外国との生活や習慣、行事などの違いを知り、多様な考え方があることに気付くこと。
　　（ウ）異なる文化をもつ人々との交流などを体験し、文化等に対する理解を深めること。

⑵高学年「外国語科」の目標と内容

高学年「外国語科」の目標は以下のようである。

目標

外国語によるコミュニケーションにおける見方、考え方を働かせ、外国語による聞くこと、読むこと、話すこと、書くことの言語活動を通して、コミュニケーションを図る基礎となる資質・能力を次のとおり育成することを目指す。

(1) 外国語の音声や文字、語彙、表現、文構造、言語の働きなどについて、日本語と外国語との違いに気付き、これらの知識を理解するとともに、読むこと、書くことに慣れ親しみ、聞くこと、読むこと、話すこと、書くことによる実際のコミュニケーションにおいて活用できる基礎的な技能を身に付けるようにする。

(2) コミュニケーションを行う目的や場面、状況などに応じて、身近で簡単な事柄について、聞いたり話したりするとともに、音声で十分に慣れ親しんだ外国語の語彙や基本的な表現を推測しながら読んだり、語順を意識しながら書いたりして、自分の考えや気持ちなどを伝え合うことができる基礎的な力を養う。

(3) 外国語の背景にある文化に対する理解を深め、他者に配慮しながら、主体的に外国語を用いてコミュニケーションを図ろうとする態度を養う。

外国語活動と同様、(1) は「知識・技能」、(2) は「思考力・判断力・表現力等」、(3) は「学びに向かう力、人間性」に相当する。外国語科では、外国語活動の「聞くこと」「話すこと」に対し、「読むこと」「書くこと」が新たに加わった。しかし、その扱いは「慣れ親しみ」であり、「聞くこと」「話すこと」との差別化が見られる。「話すこと」が「やり取り」と「発表」の2つに分かれているのは外国語活動と同じであり、五領域による目標設定がなされている。

内容も外国語活動と同様、「知識及び技能」と「思考力、判断力、表現力

等」に分けて示され、前者には中学校の学習指導要領より、音声、文字及び符号、語、連語及び慣用表現、文及び文構造などの言語材料の一部が移行された。

4　小学校で扱う「読むこと」「書くこと」

　小学校高学年での外国語の教科化で、最も大きな変化は、「読むこと」「書くこと」が新たな指導内容として加わったことである。その内容がどの程度のものかを示すために、小学校外国語科と中学校外国語科の目標（読むこと、書くこと）を比較対照して、以下に示す。

　これを見ると、小学校と中学校の「読むこと」「書くこと」の目標は、当然のことだが、レベルがかなり違うことが分かる。小学校高学年2年間140時間をかけて、スモールステップを踏んで、ゆっくり丁寧に指導して中学校での本格的な読み書きの学習への準備をしていくことになる。ここまで慎重に進めていくのは、英語と日本語が距離的に遠い言語であること、特に音と文字との対応が、日本語とは大きく違うので、児童の抵抗感が強いことによる。

　新教育課程への移行措置期間に使われた小学校外国語教材 "We Can!" でも、5年生の最初の30時間をかけて、大文字小文字を扱っている。大文字と小文字が結び付けられない中学1年生がいることを踏まえてのものである。特に小文字には抵抗感が強いため、4線の中での高さを一階建て、1.5階建て、2階建て、地下一階のある文字と分類して学習していく工夫もされている。bとd、pとqのような鏡文字になる文字にも注意を払う必要がある。

　文字には名称読みと音があることを知って、名称読みはできることが小学校での目標であるが、音声と文字の対応については、文字と音が一対一に対応する平仮名やカタカナとは大きく異なるので、認識を深めるところにとどまる。

　学習指導要領の読むこと　イの目標を見てみよう。

　イ　音声で十分に慣れ親しんだ簡単な語句や基本的な表現の意味が分かるようにする。

表13-1　領域別の目標

	小学校第5及び第6学年外国語	中学校外国語
読むこと	ア　活字体で書かれた文字を識別し、その読み方を発音することができるようにする。 イ　音声で十分に慣れ親しんだ簡単な語句や基本的な表現の意味が分かるようにする。	ア　日常的な話題について、簡単な語句や文で書かれたものから必要な情報を読み取ることができるようにする。 イ　日常的な話題について、簡単な語句や文で書かれた文章の概要を捉えることができるようにする。 ウ　社会的な話題について、簡単な語句や文で書かれた短い文章の要点を捉えることができるようにする。
書くこと	ア　大文字、小文字を活字体で書くことができるようにする。また、語順を意識しながら音声で慣れ親しんだ簡単な語句や基本的な表現を書き写すことができるようにする。 イ　自分のことや身近で簡単な事柄について、例文を参考に、音声で十分慣れ親しんだ簡単な語句や基本的な表現を用いて書くことができるようにする。	ア　関心のある事柄について、簡単な語句や文を用いて正確に書くことができるようにする。 イ　日常的な話題について、事実や自分の気持ちなどを整理し、簡単な語句や文を用いてまとまりのある文章を書くことができるようにする。 ウ　社会的な話題に関して聞いたり読んだりしたことについて、考えたことや感じたこと、その理由などを、簡単な語句や文を用いて書くことができるようにする。

　大切なのは、「音声で慣れ親しんだ簡単な語句や基本的な表現」を読み書きする点である。言い換えると、実際に何度も聞いたり言ったりしたことがある単語や文、文章を読み、書くことである。例えば、以下のような日記を読む活

動がある。一見すると過去形も含む4文の日記を読むので、難しいと感じるかもしれない。確かに、これが初見であれば、難しいであろうが、単元の初めから、I went to 〜 . I enjoyed 〜 . I ate 〜 . などの過去のことを表す表現に出会い、登場人物が夏休みにしたことを聞いたり、言ったりしてきている。また、ワークシートで、文中の〜の位置に、自分の思いに合った単語を選んで書き写す活動を丁寧に進め、I went to 〜 . I enjoyed 〜 . I ate 〜 . といった英文を書きためてきている。その上で、日記に記された英文を下の絵も手掛かりに、推測しながら読む活動に進むことになる。音の推測が可能になるように注意深くステップを踏みながら文字を提示しているので、児童の抵抗感は少ないと考えられる。

My Summer Vacation
　　　　　　Date: August 12th
　　　I went to the sea.
　　　I enjoyed swimming.
　　　I ate fresh fish.
　　　It was fun.　　　　　　　　　　　　　　　　　("We Can ! 2"　p.39)

5　中学校との接続

　小学校中学年「外国語活動」、小学校高学年「外国語」、中学校「外国語」のそれぞれの位置づけの違いは、学習指導要領の目標の項で、明確に示されている。
小学校中学年「外国語活動」
　・コミュニケーションを図る<u>素地となる資質・能力</u>を育成することを目指す。
小学校高学年「外国語」
　・コミュニケーションを図る<u>基礎となる資質・能力</u>を育成することを目指す。
中学校「外国語」
　・コミュニケーションを図る<u>資質・能力</u>を次のとおり育成することを目指す。

それぞれの発達段階に応じた目標や内容の設定は当然のことながら、新学習指導要領ではすでに述べたように、外国語教育の小学校から高校までの連携がより重視されている。中学校学習指導要領の「指導計画の作成と内容の取扱い」の項では、「指導計画の作成に当たっては、小学校や高等学校における指導との接続に留意しながら」という文言があり、具体的には「小学校第3学年から第6学年までに扱った簡単な語句や基本的な表現などの学習内容を繰り返し指導し定着を図ること」などの留意事項が示されている。

　小学校高学年で外国語が教科化されたことを踏まえ、また小中高等学校一貫した外国語教育の要として、中学校では次の点に配慮して指導に当たる必要がある。
　1　小学校外国語活動、外国語科の目標や内容をよく理解する。
　小学校高学年で外国語が教科化され、「読むこと・書くこと」が新たに指導事項になったことにより、小学校外国語と中学校外国語は直接的に連携することになった。しかし、小学校では4技能を扱うといっても、「聞くこと・話すこと」と「読むこと・書くこと」とでは習熟度に違いがあること、また、音声で十分に親しんだ後で文字に触れる学び方について理解を深める必要がある。
　2　校区内の小学校の指導状況を確実に把握する。
　移行期間を含め小学校での外国語の学習状況、時数、教材の使用状況、指導者の状況など学校によりまちまちであり、参観や交流を通して、実際に子どもたちがどのような素地を身に付けて中学校に入学してくるのか、確実に把握する必要がある。
　3　小学校の指導状況を考慮した中学校入門期の指導計画を工夫する。
　把握した小学校での状況を具体的に踏まえて中学校第1学年の年間指導計画や入門期の単元計画を立てる必要がある。例えば入門期の指導計画は、小学校の体験内容を想起させることから学習活動を始めることが考えられる。また、中学校の学習指導要領にも明記してあるとおり、小学校での学習内容を繰り返し指導し定着を図る指導の関連を図ることが必要である。

第14章　生徒指導と教育相談・キャリア教育と進路指導

本田　恵子・三村　隆男

1　生徒指導とは

(1)　生徒指導の理念

　生徒指導とは、学校の教育目標を達成するために重要な機能の一つであり、生徒ひとりひとりが校内、校外における現在の心理社会的環境へ適応できるように、さらには将来の社会生活における適応や自己実現に役立つように、生徒の個性と発達段階に即して心身の健康と社会性を育成・促進することを目的にした教育的指導活動である（学習指導要領解説　総則編）。したがってその活動内容は「学校生活がすべての生徒にとって有意義で興味深く、充実したものになるようにすることを目標とするものであり、単なる生徒の問題行動への対応という消極的な面だけにとどまるものではない。」と規定し、問題への対応および開発的な生徒指導を行うとされている。

　この目標のために小学校教師は「日ごろから学級経営の充実を図り、教師と児童の信頼関係および児童相互の好ましい人間関係を育てるとともに児童理解を深め、生徒指導の充実を図ること。」、中学校教師は「教師と生徒の信頼関係および生徒相互の人間関係を育てるとともに生徒理解を深め、生徒が自主的に判断、行動し積極的に自己を生かしていくことができるよう、生徒指導の充実を図ること」とある。

(2)　生徒指導の歴史

　日本の生徒指導は、諸外国のガイダンスの影響を受け「職業指導」から始まり、しだいに社会性、道徳性の育成と進んできた（高野清純監修『生徒指導・教育相談』福村出版 1991）。近年の大きな変化は3つある。第一は、2000（平成12）年の児童虐待防止法の制定で学校における早期発見対応の義務、責任が規定されたこと。第二は、2001（平成13）年の少年法改正をうけて、刑事処分相当年齢が16歳から14歳に引き下げられたことで、義務教育年齢の生徒も保護ではなく刑事事件として処分対象になったこと。第三は2002（平成14）年の学校教育法の改正により、問題を起こす児童生徒の出席停止制度の改善が図られ、同年1月から実践されていることである。

　これに伴い、生徒指導の内容に「規範意識」の育成や自分の大切さとともに他の人の大切さという「人権意識」についての理解を深めることが組み込まれるようになった。また、発達障害や虐待、いじめ、非行等、個別の指導を必要とする場合や、通常の指導が効果を示さない児童生徒がいた場合には、教師は、そうした状況を抱え込まず、早期に校内関係者（担任はもちろん、学年主任、生徒指導主事、養護教諭、教頭、校長、スクールカウンセラー、特別支援教育コーディネーターなど）で共通理解、アセスメントおよび対策を検討する必要があるとし、重点を早期発見と関係機関との連携においている（植山「子どもの現状」本田編著『改訂版　包括的スクールカウンセリングの進め方』金子書房 2019）。

2　教育相談とは

(1)　教育相談の理念

　教育相談は、主として生徒の適応や非社会的、反社会的な行動の予防や回復を目的にした、個別的な生徒指導ととらえられてきた（高野 1997）。しかし、中学校学習指導要領解説（特別活動編　平成11年）には「教育相談は、一人一人の生徒の自己実現を目指し、本人又はその保護者などに、その望ましい在り方を助言すること」とされ「1対1の相談活動に限定することなく、すべての教師が生徒に接するあらゆる機会をとらえ、あらゆる教育活動の実践の中に生かして、教育相談的な配慮をすること」の大切さも明言している。

(2)　**教育相談の歴史**

　日本における教育相談は、児童福祉法の制定により各地に児童相談所や公立の教育相談所が設置され、相談の専門機関として活動が展開された。学内では生徒指導部の元で教育相談担当教員が相談に乗ってきた。昭和40年代に「いつでも、どこでも、だれでも」行う教育活動の一つである（東京都教育委員会手引き）という視点が広まり、開発的教育相談（すべての児童・生徒を対象として学習の仕方の指導、進路の情報の提供、人間関係づくりを行う）、予防的教育相談（問題が潜在化している児童・生徒を対象として学習や学級の人間関係のつまずきに対応する）、治療的教育相談（問題が顕在化している、あるいは問題が重い児童・生徒を対象としてカウンセリングや治療プログラムによる指導などが行われる）の3段階に分けた相談活動を展開するようになっている。

3　スクールカウンセリングとは

(1)　**カウンセリングの理念**

　カウンセリングは、自己実現に向けてクライエントが成長しようとする力をサポートする専門的な相談活動である。自己実現をするためには、自分の欲求を理解し社会規範に適応する形で表現するための現実検討力が必要だが、自己中心的な欲求が強すぎれば社会の規範や相手の状況を無視した行動化が生じ、規範や規制する力が強すぎれば、欲求は抑圧されさまざまな不適応症状を心身にもたらす。カウンセラーは、クライエントが自らの欲求に気づき、歪曲した感情、認知、行動を修正しながら自己一致してゆくプロセスをさまざまな専門的技法を用いて支援してゆく。

(2)　**スクールカウンセラーの役割**

　文部科学省は、不登校・いじめの増大に対応するために1995（平成7）年から臨床心理士を中心として、医師、大学教員、学校心理士、発達臨床心理士等をスクールカウンセラーとして導入し、2001（平成13）年以降はスクールカウンセラー活用事業補助として制度化し、2005（平成17）年には中学校で非常勤カウンセラーの全国配置が完了した。小学校、高等学校には、都道府県、市町

村の事業として配置されている。学内部署は、校長直属あるいは生徒指導部に組み込まれている場合が多く、常勤の教員（生徒指導主事、養護教諭、教育相談）らと連携しながら活動を展開している。当初は、いじめ予防、不登校への治療的対応が中心課題とされていたが、現在では諸外国のモデルと同様、一次予防、二次予防、三次予防すべてに関わり、児童・生徒への開発的、治療的カウンセリングのみならず、教職員へのコンサルテーション、保護者からの相談も受けている。したがって、精神医学や臨床心理学のみならず、学習、発達心理、教育心理、特別支援教育、キャリア教育等の知見と技術を修得している必要があるため、役割を分担する動きが出始めている。アセスメントを中心とするスクールサイコロジスト、学内での開発的カウンセリングや個別対応計画の立案実施に関わるスクールカウンセラー、地域との連携を図るスクールソーシャルワーカー、学外の専門相談機関での治療的カウンセリングに関わるクリニカルサイコロジスト等である。

4　児童生徒の健全育成に向けて

(1)　問題行動を起こす児童生徒への対応

問題行動の現状

　2018（平成30）年度、暴力事件の件数は約7万件と過去3年間で最大になった。この内最も多いのが、生徒間暴力、続いて器物損壊である。いじめの認知件数は、約54万3,933件（前年度約41万4,378件）。小学校低学年が最も多く、からかい・誹謗中傷等の言葉の暴力及び、軽くぶつかられた等、遊びのつもりでの行為が増えている（文部科学省、2019）。少年犯罪（刑法犯、特別法犯：麻薬など）で家庭裁判所の新規受理人数は6万3,103人であり、その内訳は窃盗（万引き等）・横領（放置自転車・バイク等）、詐欺（オレオレ詐欺の受け子やかけ子）や性犯罪の割合が多い事、成人の刑法犯の割合より2.2倍高い事が特徴である（犯罪白書、2019）。しかし、保護処分（保護観察、少年院等の矯正教育を受ける処遇）は検挙数の3割弱であり、約7割は不処分や審判不開始で家庭や学校での指導に戻されている。非行が低年齢化し、平成5〜10年生まれの少年非行率は14歳が最も高い事、検挙された少年らは中学・高校に在籍している

ものがほとんどである事、小・中学生の家庭内暴力（対母親）が急増している事（昨年比 12.3％増）等、生徒指導が家庭や専門機関と連携して対応する必要のある課題が多い。

一方、不登校は 16 万 4,528 人（前年度 14 万 4,031 人）で増加しており、小学校高学年からは長期化傾向が見られ、中学校 3 年間全く学校に行かずに卒業するケースも多い。不登校の理由には、「対人関係」に次いで「学業不振」があり、自殺者も増加しており、322 人（前年度 250 人）で、小学校 5 人、中学校 100 人、高等学校 227 人と中学生高校生の心のケアが重視される必要がある。

(2) 文部科学省による対応方針

文部科学省は 2007（平成 19）年 2 月に「問題行動を起こす児童生徒に対する指導について（通知）」を出し、生徒指導の充実、出席停止制度の活用、懲戒・体罰について次のような具体的対応を求めた。1．生徒指導の充実については、①児童・生徒理解、信頼関係の構築、すべての教育活動を通じたきめ細かな指導、全職員が一体となり積極的に教育相談やカウンセリングを行う。②規範意識の醸成、いじめや暴力行為に関するきまりや対応の基準化と公表、全教職員の一致協力、一貫した指導。③傷害事件や犯罪行為は、学校で抱え込まず警察に通報し協力して対応する。2．出席停止制度の活用については、懲戒行為ではないが、継続指導で改善が求められない場合にはためらわずにとること、実施した際には、児童生徒の学習権の保障と改善指導を地域専門機関と連携しておこなうことと述べられている。

問題行動を続ける児童生徒へ教師が積極的に生徒指導に臨めるよう、学校教育法第 11 条に規定する児童生徒の懲戒・体罰に関する考え方もまとめられた。これによると、体罰はいかなる場合も与えてはならないが、放課後の指導、授業中の教室内での起立、学習課題・清掃、当番の割り当て、立ち歩きを叱って席につかせる、などは肉体的苦痛を与えるものでないかぎり体罰にはあたらない。授業妨害をする児童生徒の教室退去や授業中の別室指導、授業中の携帯電話の一時学校保管も懲戒にあたらないとされた。

平成 22 年 3 月には『生徒指導提要』が作成され、生徒指導は教育課程の全ての領域（教育課程内・個別指導・学業不振への対応など）において機能するこ

とを求めた。学習指導においても落ち着いた学習活動を確保することを目的とした従来の生徒指導に加え、学業不振の予防を目的として、意欲的に学習に取り組むための創意工夫を行う生徒指導の重要性も明確にしている。

　自殺に関しても、2009 年に「教師が知っておきたい子どもの自殺予防」マニュアルを発行し、自殺の実態を伝えると同時に、自殺のサインや初期対応、予防のための校内体制、郊外連携、自殺が生じてしまった場合の対応、ハイリスクの児童・生徒への具体的対応事例などを紹介している。欧米では、学校で自殺予防のワークショップを専門家と協力して毎年行っているため、今後の生徒指導においては、人権教育を強化することで他者の命も自分の命も大切にする教育を積極的に行う必要性がある。虐待については、2009（平成 21）年に教職員用研修教材「児童虐待防止と学校」を配布し、江戸川区の小学 1 年生虐待死事件をうけて「児童虐待防止に向けた学校等における適切な対応の徹底について（通知）」を出し、児童相談所や専門機関への通告・連携を強化している。

　不登校には、法的な施策がないかのように誤解されがちだが、保護者には子女に 9 年間の普通教育を受ける義務があり（日本国憲法第 26 条第 2 項、学校教育法、第 16 条、第 17 条第 2 項）、学校長は 7 日以上欠席した児童生徒を市町村の教育委員会に通知する責任がある（学校教育法施行令第 20 条）。通知を受けた教育委員会は、保護者に対して児童の出席を督促し（同第 21 条）、督促を受けても保護者が子どもを就学させない場合には罰金 10 万円が課される（学校教育法第 144 条）。

　それでも不登校が続く背景に、「普通教育」＝「学校における義務教育」にはならないという見方があるため、文部科学省は以下のように対応を変化させている。①不登校を「心の問題」のみならず、「進路の問題」としてとらえ、そのための「指導・相談や学習支援・情報提供などの対応をする」、②学校、家庭、地域との連携、③児童・生徒の状況のアセスメントに関して、「初期での判断を誤らないよう、関連する多分野についての基礎的な知識、例えば、精神医学の基礎知識や学習障害（LD）、注意欠陥／多動性障害（ADHD）等に関する知識、児童虐待の早期発見や『ひきこもり』に関する知識も身につけておくことが望ましい」としている。

図14-1　包括的な生徒指導・教育相談・スクールカウンセリングの概念図
（本田『キレやすい子へのソーシャルスキル教育』ほんの森出版 2007）

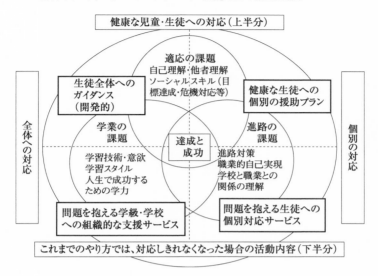

健康な児童・生徒への対応（上半分）

適応の課題
自己理解・他者理解
ソーシャルスキル（目
標達成・危機対応等）

生徒全体への
ガイダンス
（開発的）

健康な生徒への
個別の援助プラン

全体への対応

学業の
課題

学習技術・意欲
学習スタイル
人生で成功する
ための学力

達成と
成功

進路の
課題

進路対策
職業的自己実現
学校と職業との
関係の理解

個別の対応

問題を抱える学級・学校
への組織的な支援サービス

問題を抱える生徒への
個別対応サービス

これまでのやり方では、対応しきれなくなった場合の活動内容（下半分）

5　これからの生徒指導の体制と方法

(1)　包括的モデル

　児童・生徒の変化や保護者への柔軟な対応、地域連携等を促進しながら開かれた学校を目指すと同時に安全管理を行う、という使命をもったこれからの学校における生徒指導では、包括的なモデルが必要とされる。図14-1は、包括的に児童生徒の成長課題をとらえた図である。図14-2は、このモデルを用いたいじめ、暴力対応の展開例である。一次予防として児童生徒全体がいじめ、暴力、非行、不登校などを起こさないための力（規範意識やストレス耐性、共感性、対立解消スキルなど）を育て、問題行動の予兆が見えてきたら早期対応を開始すると同時に、校内体制を活用して、表14-1の実態把握のための情報収集、情報集約に関する具体的な行動を行う。

図14-2 「いじめ」「暴力」を例にした包括的な生徒指導の流れ（本田 2007）

① 一次的予防 　開発的生徒指導	② 二次的予防 　危機介入	③ 三次的予防 　個別対応
HR・教科での教育	「いじめ」「暴力」現場での対応	個別対応プログラム
生徒全体へ 　道徳・学級活動など 　1）「感情の発達」教育 　　自分の欲求の理解 　2）規範意識 　　「いじめ」「暴力」とは 　　何か？　の啓発 　3）「ソーシャルスキル 　　教育」 ☆　ストレス耐性・ ☆　向社会的判断力 　　共感性 　　行動予測力 　　原因の分析力 ☆　自己表現力 　　アサーション 　　上手なことわり方 ☆　日常の問題解決力 　　助けを求める 　　友だちを助ける ☆　相互理解力 　　危機の対応スキル 　　対立解消スキル 　　など	いじめ・暴力の初期段階の対応 　（はやしたての時期に挑発を抑 　　える・応援の要請） いじめ・暴力を受けている 生徒への介入 　挑発にのらない 　状況の把握 　助けを求める 発見した生徒・教員の動き 　状況の把握 　可能な場合は介入・ブザー 　教員・応援を呼びに行く 教員全体へ 　行動を制する方向で対応 　対応の可能性の見極め	いじめ・暴力を繰り返す加害者に 対する個別対応プログラム いじめ・暴力の背景の理解 　学業からのストレスは何か？ 　対人関係でのストレスは？ 　進路上のストレスは？ ☆　怒りの出し方・コミュニケー 　　ション方法等で、学習できて 　　いないことは何か？ ☆　発達障害や精神疾患の診断 いじめ・暴力を受けやすい生徒へ のカウンセリング・対応力の育成 ☆　なぜ受けやすいのかの査定 ☆　セルフエスティームの増進 ☆　友だちの作り方、ソーシャル 　　スキルの習得
学校全体へ 　行動規範の設定 ☆　暴力・暴言への対応 　　システム整備 ☆　全校での組織づくり 　　情報収集・対応	ピーク時の対応 　（いじめ・暴力が過激になって 　　いる時） 　けがの程度の確認・加害者と被 　　害者の分離 　観衆の移動・応援の依頼など 　状況により、警察と連携 　外部専門機関への連絡	対立している者同士の対立解消 　限界設定：対立解消するまで、 　　面接以外で接触しない約束 　対立の原因の理解 　ピア・カウンセリング
地域へ 　学校の方針の発信 　地域の安全の確保 　地域の関係機関（警察、 　　相談室、児童相談所、 　　児童館等）との連携	小康状態 　何が生じたのかをディブリーフ 　　ィングする 　対象生徒の状況把握 　　（心理的、身体的） 　他の生徒への対応 　　（いじめ・暴力の被害心的影 　　　響の把握） 　保護者への連絡対応 　翌日以降の対応協議 　教職員の気持ちの整理	学級・学年の他生徒への対応 　危機介入方法の伝達 　不足している共感性 　ソーシャルスキルの育成 学内の体制作り

表14-1　生徒指導の具体的行動
（国立教育政策研究所生徒指導研究センター発行「生徒指導の役割連携の推進にむけて」中学校編 2010 より本田が作成）

		基本的な行動
I 実態把握	A情報収集	行動1：生徒の状況を把握する
		行動2：情報交換のシステムをつくる
		行動3：学校外からも情報をあつめる
	B情報集約	行動4：情報を集約し、分析する
		行動5：信頼性を確認する
		行動6：指導の根拠となる資料を作成する
II 方針の明確化	C校長・教頭への報告	行動7：報告・連絡・相談に努める
		行動8：事実を客観的に伝える
		行動9：実態と重点事項とのずれを示して課題を明確にする
	D取り組み警句の策定	行動10：重点事項の具現化に向けた取り組みを明確にする
		行動11：指導・対応方針に基づき、具体的な取り組み計画を策定する
		行動12：取り組み計画の周知方法を検討する
III 取り組み	E周知徹底	行動13：取り組みの全体像を示し、方針を説明する
		行動14：具体的な指導基準を示す
		行動15：周知徹底の工夫をする
	F役割連携	行動16：役割連携でチーム力を高める
		行動17：関係機関等との連携の必要性を説明する
		行動18：対応後の情報収集と集約を行う
	G点検・検証	行動19：随時、取り組みを見直す
		行動20：取り組みの効果を検証し、課題を明確にする
		行動21：改善策を検討し、指導・対応方法を修正する
合意形成		

（2）　学内組織

　文部科学省は、生徒指導を効果的に進めるためには生徒指導は合意形成を基礎に行われるべきであるとし、そのために、①生徒指導主事を中心とした実態把握、②校長を中心とした方針の明確化、③教職員全員での取り組みの3本柱を挙げている。実態把握では、生徒指導主事は情報の収集・集約・整理・発信

のキーパーソンであることを自覚し、校長・教頭および教職員全員と連携して実態把握を行うという。集約された情報をもとに介入計画が迅速に立てられるために、校長・教頭への報告・連絡・相談を定期的に行い、校長が決定した指導・対応方針を教職員全体での取り組みの中で実効性のあるものにするために、「取り組み計画の策定」を行う。また、教職員全体で取り組むためには、周知徹底、役割連携、点検を行うことが必要とされている。表14-1はこのモデルに基づき具体的な行動例を記したものである。少子化、核家族化、ITの普及による直接的な人間関係の希薄化が進むこれからの社会における生徒指導には、人間としての尊厳を取り戻し、人との触れ合いを通じた感受性の育成、規範意識の内在化を目指すことが大切であろう。

6 キャリア教育の系譜

キャリア教育と進路指導について整理する。児童生徒の社会的自立や職業的自立を促進し、移行を支援するという理念では双方は同質であり、同様の理念の系譜を辿ると職業指導に到達する。ここでは職業指導からキャリア教育に至る歴史的な背景について扱う。

職業指導の起こり

わが国に職業指導が誕生した大きな要因に第二次産業革命による農業から繊維産業そして重化学工業への産業構造の変化が挙げられる。資本主義生産に対応する労働力は農業従事者から供給された。その多くは第二次・第三次産業に移行する中で職業を選択するというかつてない経験をする。土地に従属した生き方から、職業を選択する生き方への移行は円滑ではなかった。そこに職業を選択する際のガイダンス（指導）の必要性が生まれるのである。こうした状況は世界的なものであり、最も顕著であったアメリカ合衆国では、1908年、ボストン市でフランク・パーソンズ（F. Parsons）が職業指導・相談を始め、これが世界のガイダンスの始まりとなるのである。

わが国においては、1915（大正4）年に入沢宗壽が著書『現今の教育』で米国の 'vocational guidance' を紹介する際に、語句として「職業指導」を初めて

使用した。1910 年代、第二次産業革命を迎えた産業界は多くの未解決部分を残し雇用や就業を推し進めたため、非人間的な雇用や労働環境がまかり通っていた。こうした弊害は年少者労働において顕著であり、職業指導が強く求められた。1919（大正 8）年、わが国初めての児童相談所として大阪市立児童相談所が開設され、本格的に職業指導の研究や相談を開始した。翌年には年少者を対象とした職業相談施設として大阪市立少年職業相談所が開設された。

学校教育における職業指導、進路指導、キャリア教育

　1927（昭和 2）年、文部省は、訓令第 20 号「児童生徒ノ個性尊重及職業指導ニ関スル件」を通達し、学校教育における職業指導の導入を果たす。その後わが国の職業指導は主に高等小学校で展開される。

　敗戦からの復興を果たし高度経済成長に入ろうとする時期に、職業指導は進路指導へと転換した。1957（昭和 32）年、中央教育審議会答申「科学技術教育の振興方策について」の中でより進学をイメージさせる語句として、職業指導に代わり進路指導が初めて公に使用された。進路指導では、どの高校、どの大学・短大に入るかといった進学先選択の指導が強調されていった。

　文部省（1983）はこの時期、「進路指導は、生徒の一人ひとりが、自分の将来の生き方への関心を深め、自分の能力・適性等の発見と開発に努め、進路の世界への知見を広くかつ深いものとし、やがて自分の将来への展望を持ち、進路の選択・計画をし、卒業後の生活によりよく適応し、社会的・職業的自己実現を達成していくことに必要な、生徒の自己指導能力の伸長を目指す、教師の計画的、組織的、継続的な指導・援助の過程」と進路指導を定義している。

　しかし、高校進学率は急激に上昇し、高学歴志向、高度な知識人や技術者の養成へ突入していく。こうした中で進路指導は、進路「先」指導への質的な転換を果たし、生き方指導としての進路指導の本来の意義との乖離が進んだ。進路指導のこうした状況に危機感をもった埼玉県教育長は、1992（平成 4）年、業者テストの結果を高校入試の際に提供することの禁止を通知し、中学校進路指導は本来の進路指導へと回帰を始めるのであった。

7　日米におけるキャリア教育の展開

米国におけるキャリア教育の展開

　キャリア教育は 1970 年代初頭、米国連邦教育局長官マーランド（S. P., Jr., Marland）によって提唱された。キャリア教育の推進は 1977 年に制定されたキャリア教育奨励法でピークを迎えたが、その後のキャリア教育への不理解や推進に対する補助金の削減や停止により 1982 年に同奨励法は廃止される。しかしその後も、来るべき高度技術社会に備え、アカデミックな能力と職業的能力を結びつけていくキャリア教育の精神は引き継がれていく。特に「1994 年の学校から仕事への移行機会法」（School-to-Work Opportunities Act of 1994）制定後は学校と事業所が連携したプログラムによって多彩な形でキャリア教育実践が行われ、推進者としての教育関係者および雇用者、さらには両者を結びつけるコーディネーターの連携の重要性が指摘されるようになった。

　2006 年に連邦政府が改正したカール・D・パーキンス法（the Carl D. Perkins Act; Perkins Ⅳ）にてキャリア・テクニカル教育（Career Technical Education、以下 CTE）が登場した。同法は、州の CTE 事業に対し基金を提供するものであった。CTE では、具体的な職業分野を教科学習と連携を容易にするため類型化した。カリフォルニア州ではさらに College and Career（だれもが後期中等教育を受け、仕事に就く準備をする）の概念のもと、Linked Learning という職業と教科学習を強力に結び付ける学習方法により、学習意欲の向上において多大な成果を挙げている。

キャリアのもつ意味と日本におけるキャリア教育の登場

　キャリア（career）は後期ラテン語の carrāria を語源とし、「馬車などの車の通り道（轍）」を意味した。夢や将来の進路などを題材とするキャリア教育のキャリアは、むしろ過去をイメージする語源をもつ。これは夢や将来の進路を考える前に、これまでの自分を見つめる必要性を暗示している。

　わが国でキャリア教育が公の文書に初めて登場したのは、1999（平成 11）年の中央教育審議会答申「初等中等教育と高等教育との接続の改善について」で

ある。ここで「キャリア教育（望ましい職業観・勤労観及び職業に対する知識や技能を身に付けさせるとともに、自己の個性を理解し、主体的に進路を選択する能力・態度を育てる教育）を小学校段階から発達段階に応じて実施する必要がある」とキャリア教育は定義された。その後の法律の改訂も進路指導・キャリア教育の推進へと動いていく。

教育基本法改正及び学校教育法一部改正

2006（平成 18）年改正された教育基本法第 2 条（教育の目標）の第二項に「個人の価値を尊重して、その能力を伸ばし、創造性を培い、自主及び自律の精神を養うとともに、職業及び生活との関連を重視し、勤労を重んずる態度を養うこと」が示され、社会人・職業人として自立した社会の形成者の育成が目標に位置づけられた。翌年、一部改正された学校教育法第 21 条（義務教育の目標）の第 10 項では「職業についての基礎的な知識と技能、勤労を重んずる態度及び個性に応じて将来の進路を選択する能力を養うこと」とされた。この項により、義務教育の基盤である小学校においても「進路を選択する能力を養う」ことが求められたことになる。この能力は進路指導で求められるもので、この規定によって小学校からの進路指導が求められたと考えてよい。

キャリア教育が求められる背景

キャリア教育が求められるに至った現代社会の課題を『小学校・中学校・高等学校　キャリア教育推進の手引——児童生徒一人一人の勤労観、職業観を育てるために——』（文部科学省、2006）では簡潔に二つ示している。ひとつは「学校から社会への移行をめぐる課題」であり、背景として、①就職・就業を巡る環境の激変、②若者自身の資質をめぐる課題、を挙げ、特に後者では勤労観、職業観の未熟さを指摘した。もうひとつは「子どもたちの生活・意識変容」であり、その背景として、①子どもたちの成長・発達上の課題、②高学歴社会におけるモラトリアム傾向、を挙げ、特に前者では働くことや生きることへの関心、意欲の低下を挙げている。こうした激しい社会の変化と子どもの変容への具体的な対応としてキャリア教育の推進が求められたのである。

8　進路指導とキャリア教育

キャリア教育と進路指導の関連

　キャリア教育と進路指導の関係は、2004年の文部科学省「キャリア教育の推進に関する総合的調査研究協力者会議報告書」において「進路指導の取組はキャリア教育の中核をなす」（14頁）とされた。キャリア教育を展開するにあたってはその中核である進路指導の取組を意識する必要がある。進路指導には以下の6つの活動があると『中学校・高等学校進路指導の手引——進路指導主事編』（文部省 1977）に示されている。

① 　個人資料に基づいて生徒理解を深める活動と生徒に正しい自己理解を得させる活動
② 　進路に関する情報を得させる活動
③ 　啓発的な経験を得させる活動
④ 　進路に関する相談の機会を与える活動
⑤ 　就職や進学に関する指導・援助の活動
⑥ 　卒業生の追指導に関する活動

　あくまでもこの6活動は進路指導が教育活動に位置づけられていた中学校、高等学校を対象に示されたものである。しかし、キャリア教育が小学校に求められた現在、小学校においても上記の活動を中核にキャリア教育の展開を考えておく必要がある。その際には小学校という学校種の特徴を活かし活動を読み替え、工夫していく必要がある。

中学校における職場体験

　進路指導の活動の一つである「啓発的な経験を得させる活動」として職場体験活動がある。キャリア教育実践プロジェクトとして2005年に開始されたキャリア・スタート・ウィークは中学校における5日間以上の職場体験を求める取り組みであった。この取り組みを契機に中学校の職場体験活動は全国で急速

に拡大したが、国立教育政策研究所生徒指導研究・進路指導センター調査 (2019) による 2017 年度の中学校職場体験実施率は 98.6％となり、2015 年以来最高値を示したが、一方 5 日以上実施は 2007、2008 年の 20.7％から減少傾向が続き、2017 年には 12.2％となっている。事前・事後活動を含んだ職場体験は中学校 3 年間の中核的なキャリア教育の取り組みと位置づけられ、職業情報の理解はもちろん、職場での規範意識醸成、人間関係形成、地域や産業の理解など幅広い教育効果をもたらしている。またジョブ・シャドウイングのように 1 日または半日で、職業人の後を影（シャドウ）のようについて回り職業理解をするといった試みもなされ、啓発的な体験を通したキャリア教育の幅を広げている。

キャリア教育の拡大と再定義

2009（平成 21）年告示の高等学校学習指導要領では「生徒が自己の在り方生き方を考え、主体的に進路を選択することができるよう、学校の教育活動全体を通じ、計画的、組織的な進路指導を行い、キャリア教育を推進すること」とされ、キャリア教育が進路指導と並置されることで教育課程に明確に位置づけられた。また、2010（平成 20）年には大学設置基準が改正され、大学教育の一環として「学生が卒業後自らの能力を発揮し、社会的・職業的自立を図るために必要な能力を、教育課程の実施及び厚生補導等を通じて培うことができるよう、大学内の組織間の有機的な連携を図り、適切な体制を整える」とし、厚生補導との表現は用いているが、実質的にキャリア教育の導入を大学に求めた。ここに、小学校、中学校、高校の 12 年間に大学の 4 年間が加わり、16 年間を通した継続的なキャリア教育の形が整った。

2011（平成 23）年、中央教育審議会答申「今後の学校におけるキャリア教育・職業教育の在り方について」（以下、「在り方答申」）にて、キャリア教育は「一人一人の社会的・職業的自立に向け、必要な基盤となる能力や態度を育成することを通して、キャリア発達を促す教育」と再定義された。答申では、キャリア教育と職業教育の関係を、育成する力と教育活動に分け次の様に整理した。

（ア）育成する力では、「◆キャリア教育 一人一人の社会的・職業的自立に向け、必要な基盤となる能力や態度」とし、「◆職業教育 一定又は特定の職業

に従事するために必要な知識、技能、能力や態度」とした。

　（イ）教育活動では、「◆キャリア教育　普通教育、専門教育を問わず様々な教育活動の中で実施される。職業教育も含まれる。」とし、「◆職業教育　具体の職業に関する教育を通して行われる。この教育は、社会的・職業的自立に向けて必要な基盤となる能力や態度を育成する上でも、極めて有効である。」とした。

　職業教育がキャリア教育を進める上で極めて有効とする一方、職業教育という概念とキャリア教育を対置させることで、キャリア教育のもつ職業とのつながりを結果的に弱めることになったととらえることができる。

9　新学習指導要領とキャリア教育

新学習指導要領とキャリア教育

　2016 年 12 月の「幼稚園、小学校、中学校、高等学校及び特別支援学校の学習指導要領等の改善及び必要な方策等について」（答申）（以下「2016 答申」）を経て、2017 年 3 月に小学校と中学校の学習指導要領が告示された。

　「2016 答申」には、「一人一人の社会的・職業的自立に向けて必要な基盤となる資質・能力を育み、キャリア発達を促す『キャリア教育』」（55 頁、下線部筆者）とあり、これまで「能力・態度」と示されている部分に「資質・能力」が代替されている。さらに、「5. 現代的な諸課題に対応して求められる資質・能力」に「人は仕事を持つことによって、社会と関わり、社会的な責任を果たし、生計を維持するとともに、自らの個性を発揮し、自己を実現することができるものである。こうした観点からは、地域や社会における様々な産業の役割を理解し、地域創生等に生かしていこうとする力を身に付けていくことが重要になる。こうした力は、将来の自分自身の進路選択や、職業に従事するために必要な専門性を生涯にわたって獲得していこうとする意欲にもつながるものであり、子供たちの進路や発達の段階に応じた職業教育の充実の基盤となるものである。」（40 頁）とされ、キャリア教育で促進される資質・能力が、職業教育充実の基盤を形成するとの位置づけを示した。

　「2016 答申」にて、学校教育におけるキャリア教育の重要性の指摘をうけ、

2017（平成29）年改訂の小学校学習指導要領、中学校学習指導要領双方の総則にキャリア教育が登場した。2009（平成21）年告示の高等学校学習指導要領に既にキャリア教育が登場していることから、これで、小学校、中学校、高等学校の学習指導要領にキャリア教育が示されたことになる。

　小学校、中学校の学習指導要領と、2018（平成30）年告示の高等学校の学習指導要領総則には、共通して最初に、「二　個人の価値を尊重して、その能力を伸ばし、創造性を培い、自主及び自律の精神を養うとともに、職業及び生活との関連を重視し、勤労を重んずる態度を養うこと。」と、教育基本法第2条の目標が示され、「一人一人の児童（中高は生徒）が、自分のよさや可能性を認識するとともに、あらゆる他者を価値のある存在として尊重し、多様な人々と協働しながら様々な社会的変化を乗り越え、豊かな人生を切り拓き、持続可能な社会の創り手となることができるようにすることが求められる。」と続いている。このためには社会に開かれた教育課程の理念のもとで資質・能力の育成をめざすとし、「(1) 知識及び技能が習得されるようにすること。」「(2) 思考力、判断力、表現力等を育成すること。」「(3) 学びに向かう力、人間性等を涵養すること。」の要素が示されたのである。

　さらに、中学校及び高等学校の学習指導要領では、生徒の発達の支援の項目で、「(3) 生徒が、学ぶことと自己の将来とのつながりを見通しながら、社会的・職業的自立に向けて必要な基盤となる資質・能力を身に付けていくことができるよう、特別活動を要としつつ各教科（・科目）等の特質に応じて、キャリア教育の充実を図ること。その中で、生徒が自らの（在り方）生き方を考え主体的に進路を選択することができるよう、学校の教育活動全体を通じ、組織的かつ計画的な進路指導を行うこと。」（（　　）内は高等学校）（下線部筆者）とし、キャリア教育の中で進路指導が機能するとの関係性を初めて示した。両者の関係が学習指導要領に明示された意義は大きい。

特別活動とキャリア教育

　2017年告示中学校学習指導要領第1章総則第4　生徒の発達の支援では、「(3) 生徒が、学ぶことと自己の将来とのつながりを見通しながら、社会的・職業的自立に向けて必要な基盤となる資質・能力を身に付けていくことができる

よう、特別活動を要としつつ各教科等の特質に応じて、キャリア教育の充実を図ること。」としキャリア教育は特別活動を要とするとされた。但し、第5章特別活動の学級活動（高校の場合はホームルーム活動）に「(3) 一人一人のキャリア形成と自己実現」とあるように、学級こそが各教科の特質に応じキャリア教育が展開されキャリア形成と自己実現を目指す場なのである。特別活動のみでキャリア教育を展開するといった誤解は避けたい。むしろ、各教科等の特質に代表されるように、教科活動を通したキャリア教育が今後求められてくるのである。

キャリア教育・進路指導と生徒指導

2010年の『生徒指導提要』（文部科学省）では、「生徒指導は、一人一人の児童生徒の個性の伸長を図りながら、同時に社会的な資質や能力・態度を育成し、さらに将来において社会的に自己実現できるような資質・態度を形成していくための指導・援助であり、個々の児童生徒の自己指導能力の育成を目指すもの」（1頁）と生徒指導を定義し、その展開については「各学校においては、生徒指導が、教育課程の内外において一人一人の児童生徒の健全な成長を促し、児童生徒自ら現在及び将来における自己実現を図っていくための自己指導能力の育成を目指すという生徒指導の積極的な意義を踏まえ、学校の教育活動全体を通じ、その一層の充実を図っていくことが必要」（1頁）としている。本来、キャリア教育と生徒指導は、どのように生きていくかという共通の視点をもっており、その軸足が現在にあるのか、それともこれからの生き方にあるのかによって、教育活動をキャリア教育的にとらえるのか、生徒指導的にとらえるのかとなるのである。

さらに、文部科学省（2018）、『高等学校学習指導要領解説特別活動編』（121頁）では、学校におけるカウンセリングを「生徒一人一人の生き方や進路、学校生活に関する悩みや迷いなどを受け止め、自己の可能性や適性についての自覚を深めさせたり、適切な情報を提供したりしながら、生徒が自らの意思と責任で選択、決定することができるようにするための助言等を、個別に行う教育活動」と定義している。実はこの表現は、既述の「研究協力者会議報告書」（29頁）に示されている、学校におけるキャリア・カウンセリングの「子ども

たち一人一人の生き方や進路、教科・科目等の選択に関する悩みや迷いなどを受け止め、自己の可能性や適性についての自覚を深めさせたり、適切な情報を提供したりしながら、子どもたちが自らの意志と責任で進路を選択することができるようにするための、個別またはグループ別に行う指導援助」と比較し、微妙に異なっている。この両者の相違こそが、ここで指摘する軸足の立ち位置となるのである。

　いずれにせよこれからの生き方のために現在の生き方があるのであるから両者は連携することで本来の生き方の教育として機能することになる。

おわりに

　AIによる社会の変化と求められる人材像を検討する上で、Society 5.0 が示されている。Society 5.0 とは、狩猟社会、農耕社会、工業社会、情報社会に続く、5番目の超スマート社会を指している。また、学校も3つの version で示され、学校 ver.1.0（「勉強」の時代）、学校 ver.2.0（「学習」の時代）、学校 ver.3.0（「学び」の時代）とされている。version の高度化は、それぞれの学習の履歴をスタディ・ログとして教育ビッグデータを収集・分析し、総合的なエビデンスとして個人の認知と性向の特性を踏まえた支援を行うとし、学びの個別最適化を目指している。

　こうした未来社会で役割を果たす教育において、社会的、職業的自立を果たすための資質・能力を身に付けることを目指すキャリア教育の果たす役割は大きい。自己理解を果たし主体的に進路を選択決定する力こそ、学びの個別最適化の目指すためには必要であり、それは、教科等の特色に応じた学びをキャリア教育の視点でどのように展開していくかにかかっている。世界の ICT 産業の拠点であり、2018 年には英国を凌ぎ世界の GDP 第5位の米国カリフォルニア州の職業との深いつながりによって学習意欲を醸成することに一定の成果を挙げているキャリア教育は、我国のキャリア教育をどのような方向に進めていくかを検討する上で大いに参考になるのではないだろうか。

第15章　特別支援教育の原理と方法

安彦　忠彦・山口　幸一郎

1　障害のある子どもの教育制度等の変遷

(1)　黎明期：盲唖院及び施設内教育時代

　我が国の障害のある子どもの学校は、1878（明治11）年設立の京都盲唖院（視覚障害・聴覚障害教育）が最初である。1890（明治23）年には盲唖学校を小学校に準ずる学校とし、1900（明治33）年には小学校令で義務就学を明確化したが、その際に「病弱又は発育不完全」は就学猶予に、さらに障害の重い子どもたちは義務免除としたため、盲唖（視覚障害・聴覚障害）以外の障害は学校制度から排除されることになる。

　1890（明治23）年には、松本尋常小学校に落第生学級が設けられ、各地の師範学校付属小学校に同様な学級が設けられたが、今日のような知的障害教育が開始されたのは、1906（明治39）年に私立の教育施設として設立された東京・滝乃川学園が最初である。肢体不自由教育は、1921（大正10）年に療護施設として設立した東京・柏学園が最初で、身体虚弱・病弱児のための恒常的な養護・教育施設としては1910（明治43）年設立の東京市養育院安房分院が最初であり、視覚障害・聴覚障害を除く教育の多くは児童福祉施設で行われていた。

　1940（昭和15）年に初めての知的障害の学校として大阪市立思斉学校が設立された。また、1941（昭和16）年に国民学校令施行規則で「身体虚弱、精神薄弱其ノ他心身ニ異常アル児童ニシテ特別養護ノ必要アリト認ムルモノノ為ニ学

級又ハ学校ヲ編制スルコトヲ得」と規定され養護学級、養護学校と呼ばれ、一時、国民学校の養護学級設置は増加したが、太平洋戦争の進行に伴い次第に閉鎖された。

(2) 充実期：特殊教育時代

1947（昭和22）年、学校教育法が公布されて特殊教育が規定され、障害のある子が通う特殊教育諸学校として、盲学校（視覚障害）、聾学校（聴覚障害）、養護学校（知的障害、肢体不自由、病弱者）が、また小学校、中学校及び高等学校では特殊学級（知的障害者、肢体不自由者、身体虚弱者、弱視者、難聴者、その他心身に故障のある者で、特殊学級において教育を行うことが適当なもの）を置くことができるとした。さらに、疾病により療養中の児童及び生徒に対して特殊学級（病院内学級等）を設け、又は教員を派遣して教育を行うことができるとした。翌年から盲学校及び聾学校の就学義務及び設置義務が学年進行で始まったが、養護学校の義務制はすぐには行われず、約30年後の1979（昭和54）年に実施され、各地に養護学校が設立されて特殊教育体制が整備された。また、同年、障害のため通学して教育を受けることが困難な盲・聾・養護学校小学部、中学部の児童生徒に対して、養護学校等の教員が家庭や医療機関等を訪問して教育を行う「訪問教育」が実施され、2000（平成12）年には高等部生徒にも拡大された。

1993（平成5）年には、学校教育法施行規則の一部改正が行われ、小学校、中学校で、言語障害や難聴、情緒障害等の児童生徒を対象に通常の学級に在籍しながら必要な指導を通級指導教室で受ける、通級による指導が開始された。

(3) 転換期：発達障害への対応（特殊教育から特別支援教育へ）

文部科学省による、主な発達障害の定義は以下の通りである。

主な発達障害
①自閉症　3歳位までに現れ、他人との社会的関係の形成の困難さ、言葉の発達の遅れ、興味や関心が狭く特定のものにこだわることを特徴とする行動の障害であり、中枢神経系に何らかの要因による機能不全があると推定される。

高機能自閉症　自閉症のうち、知的発達の遅れを伴わないものをいう。

　アスペルガー症候群　知的発達の遅れを伴わず、かつ、自閉症の特徴のうち言葉の発達の遅れを伴わないものをいう。

　なお、高機能自閉症やアスペルガー症候群は、広汎性発達障害に分類される。

②学習障害（LD）　基本的には全般的な知的発達に遅れはないが、聞く、話す、読む、書く、計算する又は推論する能力のうち特定のものの習得と使用に著しい困難を示す様々な状態を指すものである。学習障害は、その原因として中枢神経系に何らかの機能障害があると推定されるが、視覚障害、聴覚障害、知的障害、情緒障害などの障害や、環境的な要因が直接の原因となるものではない。

③注意欠陥／多動性障害（ADHD）　年齢あるいは発達に不釣り合いな注意力、及び／又は衝動性、多動性を特徴とする行動の障害で、社会的な活動や学業の機能に支障をきたすものである。また、7歳以前に現れ、その状態が継続し、中枢神経系に何らかの要因による機能不全があると推定される。

　1999（平成11）年には「学習障害児（LD）に対する指導について（報告）」が示され、LDへの支援体制モデル事業が実施されるようになった。

　2001（平成13）年には「21世紀の特殊教育の在り方について（最終報告）」が示され、就学指導の改善、LD・ADHD・高機能自閉症児童生徒等への対応の必要性等、特殊教育全般にわたる制度の見直しや施策の充実について提言が行われた。2002（平成14）年には、学校教育法施行令が改正され、盲・聾・養護学校への就学基準が見直されるとともに、就学基準に該当する児童生徒についても、その障害の状態に照らし就学に係る諸事情を踏まえて小・中学校において適切な教育を受けることができる特別の事情があると市町村の教育委員会が認める場合には小・中学校に就学させることができる（認定就学）とした。

　2003（平成15）年には「今後の特別支援教育の在り方について（最終報告）」が示され、2002（平成14）年の全国実態調査で小学校及び中学校の通常の学級において、LD、ADHD等により学習や行動の面で特別な教育的支援を必要としている児童生徒が6.3％在籍し、これらの児童生徒についても特殊教育対象児童生徒と同様に教育的対応が必要であるとして、障害の程度等に応じ特別の場で指導を行う「特殊教育」から、障害のある児童生徒一人一人の教育的ニーズに応じて適切な教育的支援を行う「特別支援教育」への転換が提言された。

2004（平成16年）年1月、「小・中学校におけるLD、ADHD、高機能自閉症の児童生徒への教育支援体制の整備のためのガイドライン（試案）」が公表され、全国で特別支援教育推進体制モデル事業が実施されるようになった。

2006（平成18）年4月、通級による指導の対象者にLD、ADHDを加え、「情緒障害者」の中に分類されていた自閉症を、新たな分類を設けて「自閉症者」とした。2009（平成21）年2月には、情緒障害特別支援学級を自閉症・情緒障害特別支援学級と名称を改めた。

2006（平成18）年12月には、教育基本法が改正され、第4条（教育の機会均等）の2に「国及び地方公共団体は、障害のある者が、その障害の状態に応じ、十分な教育を受けられるよう、教育上必要な支援を講じなければならない」、第6条（義務教育）の2に「学校においては、教育の目標が達成されるよう、教育を受ける者の心身の発達に応じて、体系的な教育が組織的に行われなければならない」と示して、障害児者の教育について初めて法律上の規定が行われた。

(4) 発展期：特別支援教育時代

2007（平成19年）年4月1日、学校教育法の一部改正が施行され、特殊教育が廃止され、特別支援教育が規定された。改正点の主な内容は次の3点である。

① 盲学校、聾学校、養護学校を、障害種別を超えた特別支援学校に一本化。

② 特別支援学校においては、在籍児童等の教育を行うほか、小・中学校等に在籍する障害のある児童生徒等の教育について助言援助に努める旨を規定。

③ 小・中学校等においては、特殊学級を特別支援学級へ名称を変更し、LD・ADHD等を含む障害のある児童生徒等に対して適切な教育を行うことを規定。

また教育職員免許法を改正して、盲・聾・養護学校ごとの免許状を特別支援学校の免許状に一本化し、関係法律の整備を行い特殊教育の文言をなくした。

2007（平成19）年の学習指導要領の改訂以後、現在まで一貫して「特別支援教育」の充実強化が図られてきたが、この間の重要な制度上の改革は、一つは前年2006年12月の国連総会決議「障害者権利条約」を2007年9月に日本政

府が署名し、その後国内法を整備することに努め、ようやく2014（平成26）年1月に批准し、日本においても条約が発効したこと、もう一つはこの条約のための整備の一環として、2012（平成24）年の「障害者総合支援法」及び2013（平成25）年の「障害者差別解消法」の成立などである。これにより、キーワードとして「合理的配慮」（条約第2条の定義：障害者が他の者と平等にすべての人権及び基本的自由を享有し、又は行使することを確保するための必要かつ適当な変更及び調整であって、特定の場合において必要とされるものであり、かつ、均衡を失した又は過度の負担を課さないものをいう。）が重視・強調され、特別支援教育の分野においても責任ある国際的・総合的な取り組みが求められることになった。とくに2020年のオリンピック・パラリンピックの東京大会に向けて、2015（平成27）年版の「障害者白書」には特に1章が立てられて、教育面での充実強化が唱えられ、その後の流れが形成された。最近は「共生社会」の実現への取り組みとして、障害者などの生活弱者に配慮する「バリアフリー」の考え方や、障害の有無に関わらず誰にでも普遍的に利用可能な「ユニバーサル・デザイン」の考え方が、特別支援教育の制度上でも強調されるようになった。

2　特別支援教育の理念と体制整備及び取り組み

　2007（平成19）年4月、文部科学省は特別支援教育という新制度発足に当たり、「特別支援教育の推進について（通知）」を出し、特別支援教育について基本的な考え方、体制整備及び取り組み等について示した。

(1)　特別支援教育の理念
　上記の通知に示される特別支援教育の理念は、「障害のある幼児児童生徒の自立や社会参加に向けた主体的な取組を支援するという視点に立ち、幼児児童生徒一人一人の教育的ニーズを把握し、その持てる力を高め、生活や学習上の困難を改善又は克服するため、適切な指導及び必要な支援を行うもの」とされている。
　また特別支援教育は、「これまでの特殊教育の対象の障害だけでなく、知的

図15-1 特別支援教育の概念図

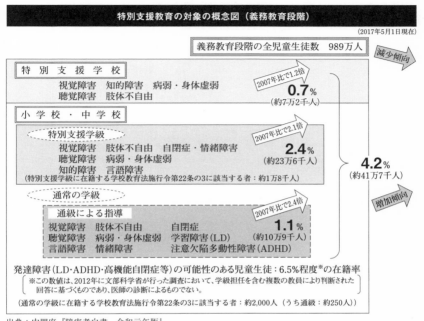

特別支援教育の対象の概念図（義務教育段階）

(2017年5月1日現在)

義務教育段階の全児童生徒数 989万人　減少傾向

特 別 支 援 学 校
視覚障害　知的障害　病弱・身体虚弱
聴覚障害　肢体不自由　　2007年比で1.2倍　0.7%
（約7万2千人）

小 学 校 ・ 中 学 校

特別支援学級
視覚障害　肢体不自由　自閉症・情緒障害
聴覚障害　病弱・身体虚弱　　2007年比で2.1倍　2.4%
知的障害　言語障害　　　　　　　　（約23万6千人）
（特別支援学級に在籍する学校教育法施行令第22条の3に該当する者：約1万8千人）

通常の学級
通級による指導
視覚障害　肢体不自由　　　自閉症　　2007年比で2.4倍　1.1%
聴覚障害　病弱・身体虚弱　学習障害(LD)　　（約10万9千人）
言語障害　情緒障害　　　　注意欠陥多動性障害(ADHD)

4.2%
（約41万7千人）

増加傾向

発達障害(LD・ADHD・高機能自閉症等)の可能性のある児童生徒：6.5%程度※の在籍率
※この数値は、2012年に文部科学省が行った調査において、学級担任を含む複数の教員により判断された
回答に基づくものであり、医師の診断によるものでない。
（通常の学級に在籍する学校教育法施行令第22条の3に該当する者：約2,000人（うち通級：約250人）

出典：内閣府『障害者白書　令和元年版』

な遅れのない発達障害も含めて、特別な支援を必要とする幼児児童生徒が在籍する全ての学校において実施されるもの」とされている。

　さらに特別支援教育は、「障害のある幼児児童生徒への教育にとどまらず、「障害の有無やその他の個々の違いを認識しつつ様々な人々が生き生きと活躍できる共生社会の形成の基礎となるものであり、我が国の現在及び将来の社会にとって重要な意味を持っている」と示されている。

　以上を簡単にまとめると、特別支援教育が特殊教育対象の子どもだけでなく、幼稚園、小学校、中学校、高等学校等の通常の学級にいる、知的障害のない発達障害等を含む特別な支援を必要とする子どもを加えた教育であり、校種に関わらず全ての学校で取り組まなければならないこと、さらに共生社会実現の基礎となる教育として、全ての子どもたちに関わる教育であることを示している。

(2) 校長の責務

校長の責務については次の通りである。

　「校長（園長を含む。以下同じ。）は、特別支援教育実施の責任者として、自らが特別支援教育や障害に関する認識を深めるとともに、リーダーシップを発揮しつつ、次に述べる体制の整備等を行い、組織として十分に機能するよう教職員を指導することが重要である。

　また、校長は、特別支援教育に関する学校経営が特別な支援を必要とする幼児児童生徒の将来に大きな影響を及ぼすことを深く自覚し、常に認識を新たにして取り組んでいくことが重要である。」

として校長の責務を明確にし、校長による主体的、自律的学校経営の取り組みによって特別支援教育が実現することを示した。

(3) 各学校が整備すべき体制及び取り組み内容

各学校が整備すべき体制や、その取り組みの内容は以下の通りである。

① 特別支援教育に関する校内委員会の設置と校務分掌への位置づけ

委員会は、管理職（校長、教頭等）、特別支援教育コーディネーター、教務主任、生徒指導主事、通級指導教室・特別支援学級担当教員、養護教諭、学年主任、その他必要と思われる者等で構成され、発達障害を含む障害のある児童生徒の実態把握や支援方策の検討等を行い全校的な支援体制を確立させる。特別支援学校では、他の学校の支援も含めた組織的な対応を行う校内委員会とする。

② 実態把握

特別な支援を必要とする幼児児童生徒の存在や状態を確かめ、早期発見・早期支援（校内体制や保護者理解、医療的な対応等）を開始するために行う。

③ 特別支援教育コーディネーターの指名

校内委員会・校内研修の企画・運営、関係諸機関・学校との連絡・調整、保護者からの相談窓口などの役割を担う教員を指名する。

④ 関係機関との連携を図った「個別の教育支援計画」の策定と活用

長期的な視点に立ち、学校だけでなく地域での一貫した教育的支援を行うため、医療、福祉、労働等と連携した個別の計画である。

⑤「個別の指導計画」の作成

　障害の重度・重複化、多様化等に対応した教育を一層進めるため、特別支援学校において全児童生徒に対して作られる指導計画であり、小・中学校等でも必要に応じて作成して個に応じた教育を進める必要がある。

⑥ 教員の専門性の向上（校内研修会開催、校外研修会派遣、専門機関連携等）

(4)　教育委員会の支援（各学校への専門家チーム派遣と巡回相談の実施等）

　教育委員会からの各学校への支援としては、障害の有無の判断や望ましい教育的対応について、専門的な意見等を各学校に提示する専門家チーム（医師、臨床心理士、教員、教育委員会職員等）の設置や、専門家チームと連携して各学校を巡回して教員等に指導や助言を行う巡回相談（教育相談、指導内容や方法、個別の指導計画等の作成支援、助言等）を可能な限り行うこととされている。

　また教職員に対する研修会開催や地域住民等への理解啓発活動も重要である。

3　学校における特別支援教育への対応

(1)　小・中学校での指導

　2017（平成28）年12月の中央教育審議会の答申「幼稚園、小学校、中学校、高等学校及び特別支援学校の学習指導要領の改善及び必要な方策等について」によれば、2020年度実施の学習指導要領では、特別支援教育は小学校の場合、答申の「第8章　子供一人一人の発達をどのように支援するか―子供の発達を踏まえた指導―」の中の1項目「5　教育課程全体を通じたインクルーシブ教育システムの構築を目指す特別支援教育」として、これまでより一層広い視点からみた扱いによっている。この第8章は、この趣旨を示すのであれば、もっと前の章で述べるべき原則が書かれており、目標として「第5章　何ができるようになるか」の記述が始まる前の第4章におかれてもよいものであるが、より具体的に取り組んで欲しいとの願いが込められているといえよう。

　まず、特別支援教育は、「教育課程全体で行うべき」インクルーシブ（包摂的）な教育システムの構築を目指す中で行われねばならない。その際、答申の第8章のタイトルにあるように「子供一人一人の発達支援」を原則として行う

のであるから、「すべての子供」への個別的支援の一部として、この特別支援教育が行われねばならない。それには通常学級の教員も特別支援学級の教員も、ともに共通の視点に立つという自覚が必要である。この意味では、より一層の意識の変容を求められるのは通常学級の教員であるといえよう。

　その際、とくに「チーム学校を支えるチーム援助」として、担任教員のみでなく、スクール・カウンセラー、スクール・ソーシャル・ワーカー、ヘルパー（学校支援員ら）等との連携、協働が必要であることに留意すべきである。

　次に、小・中学校の特別支援教育は、左記の答申に沿って、学習指導要領の総則の「第4　児童の発達の支援」の「2　特別な配慮を必要とする児童への指導」の中で、「帰国子女」と「不登校児童（生徒）」への指導とともに、「(1)障害のある児童（生徒）などへの指導」として、

　ア　特別支援学校等の助言または援助を活用しつつ、個々の子供の障害の状況等に応じた指導の内容と方法の工夫を組織的・計画的に行う。

　イ　特別支援学級の教育課程の編成は、（ア）自立を図るため、特別支援学校小学部・中学部学習指導要領第7章に示す自立活動を取り入れること、（イ）子供の障害の程度や学級の実態等を考慮の上、各教科の目標や内容を下学年のものに替えたり、知的障害者の特別支援学校の各教科に替えたりして実態に応じた教育課程にする。

　ウ　障害のある児童・生徒には、通級による指導を行い、特別の教育課程を編成する場合は、特別支援学校小・中学部の学習指導要領第7章に示す自立活動を参考にし、その際各教科等と通級による指導との関連を図るなど、教師間の連携に努める。

　エ　障害のある児童・生徒などについては、家庭、地域及び関係機関との連携を図り長期的な視点で支援を行うため、個別の教育支援計画を作成・活用することに努めるとともに、各教科等の指導に当たって個別の指導計画を作成・活用することに努める。特に、特別支援学級に在籍する児童・生徒や通級による指導を受ける生徒は、個別の教育支援計画及び個別の指導計画を作成・活用する。

ことが明示されている。

　実際の学校での指導においては、3段階の支援ニーズに応じた「援助サービ

ス」が重視されている。第1段階の「一次的援助サービス」は「すべての子供」を対象、第2段階の「二次的援助サービス」は「一部の子供」、第3段階の「三次的援助サービス」は「特定の子供」で、第1段階や第3段階の子供へのサービスが「全ての子供」の支援につながるとの観点から、「ユニバーサル・デザイン」という普遍的な指導姿勢が強調されている。これは高校も同様である。

(2) 高等学校での指導

高校学習指導要領では、総則の「第5款　生徒の発達の支援」の「(1) 障害のある生徒などへの指導」として、小・中学校に準じて、次の3点が挙げられている。

ア　特別支援学校等の助言又は援助を活用しつつ、個々の生徒の障害の状態等に応じた指導内容・指導方法の工夫を組織的・計画的に行う。

イ　特別支援学級の教育課程を編成し、障害に応じた特別の指導を行う場合には、特別支援学校高等部学習指導要領第6章に示す自立活動の内容を参考とし、その際、各教科・科目等と通級による指導との関連を図るなど、教師間の連携に努める。

　なお、通級による指導における単位の修得の認定については、(ア) 学校で定める個別の指導計画に従って通級による指導を履修し、その個別の指導目標から見て満足できると認められる場合は、単位の修得を認めなければならない、(イ) 学校では、生徒が通級による指導を2以上の年次にわたって履修したときは各年次ごとに当該単位を修得したことを認定することを原則とする。ただし、特定の年度における授業時数が、1単位として計算する標準の単位時間に満たない場合は、次年度以降による指導の時間を設定し、2以上の年次にわたる時数を合算して単位修得の認定を行うことができる。また、単位修得の認定を学期区分ごとに行うことができる。

ウ　障害のある生徒などについては、家庭、地域及び医療や福祉、保健、労働等の関係機関との連携を図り、長期的な視点で生徒への教育的支援を行うために、個別の教育支援計画を作成し活用することに努めるとともに、

各教科・科目等の指導に当たって、個々の生徒の実態を的確に把握し、個別の指導計画を作成し活用することに努めるものとする。特に通級による指導を受ける生徒については、その障害の状態等の実態を的確に把握し、個別の教育支援計画や個別の指導計画を作成して効果的に活用する。

　このように、高等学校については、小・中学校と共通の指導対応に加えて、初めて小・中学校と同様、「通級による指導」が導入されることとなった。それだけ学校段階の相違を超えて指導が一貫したものとなったが、逆に言えば、それだけ高校においても通常学級における指導を拡充するということであり、教員の意識変革と力量向上が求められている。単に担任教員だけの指導でなく、校内委員会を活用して学校全体で計画的・組織的に取り組むことが必要である。

　特に「通級指導」では、小・中学校と同様、教員（特別支援学級担任、通常学級と通級指導教室担任）間の定期的な情報交換等の連携が大切であり、特別の指導の場における指導の成果が通常学級においても生かされるような、相乗効果的な指導が必要とされている。

(3)　特別支援学校での指導

　特別支援学校における指導は、特別支援学校学習指導要領によって定められており、幼稚園、小学校、中学校又は高等学校に準ずる教育を基に、それぞれの障害種に配慮した各教科、道徳科、外国語活動、総合的な学習の時間及び特別活動の指導とともに、「個々の児童又は生徒が自立を目指し、障害による学習上又は生活上の困難を主体的に改善・克服するために必要な知識、技能、態度及び習慣を養い、もって心身の調和的発達の基盤を培う」ための自立活動が特別に設けられている。

　自立活動の内容は、6区分（①健康の保持、②心理的な安定、③人間関係の形成、④環境の把握、⑤身体の動き、⑥コミュニケーション）26項目に分けられている。今回の改訂では、自閉症やLD、ADHD等の発達障害を含む多様な障害に対しても活用できるように「人間関係の形成」の区分が追加され、(1)他者とのかかわりの基礎に関すること、(2)他者の意図や感情の理解に関すること、(3)自己の理解と行動の調整に関すること、(4)集団への参加の基礎に関すること、

の4項目が設けられた。この区分ができたことで自立活動の内容が充実し、適用範囲も広がり、全区分項目の中から一人一人の実態に応じて選定した項目を相互に関連付け、具体的な指導内容を設定することにより、特別支援学校のみの活用だけでなく小学校、中学校の特別支援学級や通級による指導を受けている障害のある児童生徒とともに、通常の学級にいる自閉症やLD、ADHD等の発達障害のある特別な支援が必要な児童生徒に対しても自立活動を導入し、適切な指導が行われるようになっている。

また特別支援学校においては、個に応じた適切な指導を一層進めるため、各教科等全ての指導に当たって「個別の指導計画」を作成し、長期的な視点に立った一貫した教育的支援として関係諸機関との連携を図った「個別の教育支援計画」が作成されている。さらに、地域の学校（幼、小、中、高）との連携を通した交流及び共同学習の推進、高等部卒業後の自立と社会参加を促進するため企業や労働関係機関との連携強化とともに、小学部段階からの職業教育及び進路指導の改善充実も行われている。

なお、知的障害児童生徒に対する指導においては、指導形態の特例として、領域（道徳科、特別活動、自立活動）と教科を合わせた指導が認められ、日常生活の指導、遊びの指導、生活単元学習、作業学習等として取り組まれている。

また、特別教育支援学校は、従来以上に通常の各学校の実践をサポートする、その「センター的機能」の強化とその貢献が期待されている。

4　特別支援教育を支える法律等

特別支援教育は教育分野だけでなく様々な法律によって支えられている。代表的な法律及び障害者施策にかかわる主な関連法令の動向は図15-2の通りである。

(1)　ICF（国際生活機能分類）：障害のとらえかたの変化

国際的な障害に関する分類は1980（昭和55）年にWHOが発表したICIDH（国際障害分類）が最初で、障害を主に身体機能に基づく個人の様々なマイナス状態を分類して機能障害、能力障害、社会的不利とした。2001（平成13）年発

図15-2　障害者施策に係る主な関連法令の動向

	平成16年4月	平成17年4月	平成18年4月	平成19年4月	平成20年4月	平成21年4月
全体的枠組み				改正障害者基本法の施行(4月)(市町村障害者計画の義務化)		障がい者制度改革推進本部設置の閣議決定(12月)
生活支援	発達障害者支援法の成立(12月)	発達障害者支援法の施行(4月)／障害者自立支援法の成立(10月)	障害者自立支援法の一部施行(4月)	障害者自立支援法の施行(10月)		
生活環境		ユニバーサルデザイン政策大綱の公表(7月)	高齢者、障害者等の移動等の円滑化の促進に関する法律の成立(6月)	高齢者、障害者等の移動等の円滑化の促進に関する法律の施行(6月)		
教育・育成		中央教育審議会「特別支援教育を推進するための制度の在り方について(答申)」(12月)	学校教育法等の一部改正法の成立(6月)／教育基本法の改正(12月)	改正学校教育法の施行(4月)	教育振興基本計画閣議決定(7月)	
雇用・就業	障害者雇用促進法の一部改正法の成立(6月)	改正障害者雇用促進法の一部施行(10月)	改正障害者雇用促進法の施行(4月)		障害者雇用促進法の一部改正法の成立(12月)	改正障害者雇用促進法の施行(4月)

	平成22年	平成23年	平成24年	平成25年	平成26年	平成28年	平成30年
全体的枠組み	障害者基本法改正案を障がい者制度改革推進本部が決定(3月)	障害者基本法の改正(7月)	改正障害者基本法の施行(8月)	障害者差別解消法の成立(6月)	障害者権利条約の国会承認(1月)	障害者差別解消法の施行(4月)	
生活支援	障害者自立支援法等の一部改正法の成立(12月)	障害者虐待防止法の成立(6月)	障害者総合支援法の成立(6月)	障害者虐待防止法の施行(10月)／障害者総合支援法の施行(4月)(一部、26年4月)		改正障害者総合支援法の成立(5月)	改正障害者総合支援法の施行(4月)
生活環境			障害者優先調達推進法の成立(6月)	障害者優先調達推進法の施行(4月)			
教育・育成			中央教育審議会「共生社会の形成に向けたインクルーシブ教育システム構築のための特別支援教育の推進(初等中等教育分科会報告)」(7月)	第二期教育振興基本計画閣議決定(6月)		中央教育審議会「教育課程全体を通じたインクルーシブ教育システム構築を目指す特別支援教育(答申)」(12月)	学校教育法等の一部改正法の成立(5月)
雇用・就業				障害者雇用促進法の一部改正(6月)		改正障害者雇用促進法の一部施行(4月)	

出典：内閣府『障害者白書』平成26年版、令和元年版を基に作成

表のICF（国際生活機能分類）では、人間の健康状態を身体、個人、社会という3つの視点で捉え、生活機能を身体機能・構造、活動、参加の3つに分類し、障害とは生活機能に支障がある場合とした。またICFではバリアフリーの整

備等により参加や活動レベルが向上することから背景因子（環境因子、個人因子）という観点を加え、障害を健康状態と背景因子との相互作用のうちの否定的側面を表すものと捉え、マイナス面だけでなくプラス面も評価できるようにした。この考え方は日本の障害者関係法規や学習指導要領（自立活動）に大きな影響を与えた。2007年にICF-CY（国際生活機能分類—児童青少年版）が発表された。

(2) 障害者基本法

障害者の自立及び社会参加を支援するため、国、地方公共団体等の責務を示し、障害者の福祉の増進を目的とした法律。2004（平成16）年に改正され、障害を理由とした差別その他の権利利益を侵害する行為の禁止、障害のある児童生徒と障害のない児童生徒との交流及び共同学習の推進等が規定された。この法律に基づき10年毎の障害者基本計画、5年毎の重点施策実施計画が作られ、「教育・育成」として特別支援教育の基本方針や数値目標等が示されている。

(3) 発達障害者支援法

発達障害者の自立及び社会参加に資するようその生活全般にわたる支援を行うため、2005（平成17）年施行の法律で、国及び地方公共団体や国民の責務を示すと共に早期の支援や適切な教育的支援、支援体制の整備が明記されている。

(4) 障害者雇用促進法

障害者の就労意欲の高まりを背景にして2006（平成18）年に改正され、在宅就業障害者支援、福祉的就労から一般雇用への移行を促進する改革等が規定され、特別支援教育対象生徒の進路指導や職業教育等に影響を与えている。

(5) 障害者自立支援法

従来の措置制度から障害者が地域で安心して暮らせる社会を実現するために、2006（平成18）年に障害者施策の一元化、就労支援の強化、安定的な財源の確保等、障害福祉サービスの新しい体系を目指し作られた特別支援教育とも関係の深い法律だが、2009年の政権交代に伴い見直しが行われている。

(6) 障害者差別解消法

　図の 15-2 に加えて、欠かせない法律であり、当初は「障害者差別禁止法」として構想されたが、社会全体の在り方を見直す表現に改め、内容的には障害者差別を禁止するための具体的な対応をとることができるものとして、2013年6月に成立している。

5　今後の課題と展望

　特別支援教育は、個々の教員だけでなく、教員を含めた学校内外の様々なチームによって行われる教育である。そのため、学校全体や地域全体で子どもを育てる視点が求められ、校長を中心とした組織的、計画的な取り組みが重要となる。その際、関係者間での共通理解を深めるため、子どもの実態をどう客観的に把握したのかという根拠（エビデンス）が大切となり、神経心理学的視点に立ったアセスメントや EBE（Evidence-Based Education、根拠に基づく教育）の実現が求められている。また、共生社会を実現するための交流及び共同学習や自立と社会参加の推進を図るために、国の障害者施策の動向に関心を持つとともにキャリア教育の導入を図ることも大切である。なお、家族支援の観点に立った保護者連携も特別支援教育の今後の重要な課題である。

　また、より具体的な課題として、今後特別支援教育対象者の増加が見込まれるので、教員養成・教員研修の中身に、これらの対象者に正面から対応する教員の力量の育成・強化が必要不可欠であるとともに、全体的な動向として、「フル・インクルージョン」（特別支援教育の普通教育への完全な取り込み）の方向性を取りつつ特別支援教育体制も強化することは、あるレベルではジレンマとなり矛盾する危険もある。今後は、「フル・インクルージョンのための特別支援教育の強化」といった考え方や関係づくりが必要であろう。

　さらに、「障害者権利条約」を批准して以後は、国として毎年、国連に活動報告が義務付けられており、国際的な責任も生まれている。その際、最大限の「合理的配慮」による指導の具体的展開や、最近めざましい発達を見せているICT の効果的活用が必須のこととなるといえよう。

参考文献一覧
──さらに勉学を深めたい人へ──

第1章（主要文献は文中に直接記載）
エウジェニオ・ガレン、近藤恒一訳『ヨーロッパの教育』サイマル出版会、1974年
コメニウス（鈴木秀勇訳）『大教授学』1・2巻、明治図書、1962年
オリヴィエ・ルブール、石堂常世訳『教育は何のために』勁草書房、1988年度版
ヴォルフガング・ブレティンカ、岡田渥美・山崎高哉監訳『価値多様化時代の教育』
　玉川大学出版部、1992年
文部科学省『フランスの教育基本法──「2005年学校基本計画法」と「教育法典」』
　（教育調査第136集）独立行政法人国立印刷局、2007年

第2章
無藤　隆・麻生　武ほか編『講座　生涯発達心理学』（全5巻）金子書房、1995年
高橋惠子・波多野誼余夫『生涯発達の心理学』岩波新書、1990年
辰野千寿『学習心理学』教育出版、1994年

第3章
竹沢尚一郎『社会とは何か』中公新書、2010年
齋藤純一『公共性』岩波書店、2000年
森　重雄『モダンのアンスタンス』ハーベスト社、1993年
吉田敦彦・永田佳之・菊地栄治編『持続可能な教育社会をつくる』せせらぎ出版、
　2006年
M.エンデ、大島かおり訳『モモ』岩波書店、1976年

第4章
名倉英三郎編著『日本教育史』八千代出版、1984年
海後宗臣・仲新・寺﨑昌男『教科書でみる近現代日本の教育』東京書籍、1999年

第5章
プラトン、久保　勉訳『ソクラテスの弁明・クリトン』岩波文庫、1964年
ルソー、今野一雄訳『エミール』（上・中・下）岩波文庫、1962-1964年
ジョン・デューイ、市村尚久訳『学校と社会・子どもとカリキュラム』講談社学術文
　庫、1998年

第6章

平原春好編『概説教育行政学』東京大学出版会、2009 年

高見茂他編『教育法規スタートアップ・ネクスト』昭和堂、2018 年

小松茂久編『教育行政学』昭和堂、2016 年

第7章

二宮皓編著『新版　世界の学校』学事出版、2013 年

文部科学省『諸外国の初等中等教育』明石書店、2016 年

文部科学省『諸外国の教育動向』明石書店、各年度版

第8章

内田　樹『下流志向』講談社、2009 年

小浜逸郎『子どもは親が教育しろ！』草思社、1997 年

苅谷剛彦『大衆教育社会のゆくえ——学歴主義と平等神話の戦後史』中公新書、1995
　　年

油布佐和子編著『日本の教師——仕事と役割』放送大学教育振興会、2015 年

鈴木大祐『崩壊するアメリカの公教育——日本への警告』岩波書店、2016 年

第9章

海後勝雄編『教育課程論』誠文堂新光社、1956 年

安彦忠彦『改訂版　教育課程編成論——学校は何を学ぶところか』放送大学教育振興
　　会、2006 年

日本教育方法学会編『教育方法 37：現代カリキュラム研究と教育方法学——新学習
　　指導要領・PISA 型学力を問う』図書文化社、2008 年

M. W. アップル・J. ウィッティ・長尾彰夫編著『批判的教育学と公教育の再生——格
　　差を広げる新自由主義改革を問い直す』明石書店、2009 年

第10章

清水康敬編著『電子黒板で授業が変わる』高陵社書店、2006 年

坂元　昂『教育工学の原理と方法』明治図書、1971 年

坂元　昂『教育工学』放送大学教育振興会、1991 年

本田恵子『脳科学を活かした授業をつくる』日能研、2006 年

第11章

L. コールバーグ、岩佐信道訳『道徳性の発達と道徳教育』広池学園出版部、1987 年

E. デュルケム、麻生誠・山村健訳『道徳教育論』講談社学術文庫、2010 年

日本特別活動学会編『キーワードで拓く新しい特別活動　平成 29 年版・30 年版学習

指導要領対応』（三訂）、東洋館出版社、2019 年

第12章

高浦勝義編著『総合学習の理論』黎明書房、1997 年

佐藤学『米国カリキュラム改造史研究——単元学習の創造』東京大学出版会、1990
　年

小林宏己『授業研究 27 の原理・原則——授業力向上のための実践的思考』学事出版、
　2013 年

文部科学省編『高等学校学習指導要領解説　総合的な探究の時間編』2018 年

第13章

直山木綿子『ゼロから創る小学校英語』文溪堂、2008 年

直山木綿子『外国語活動の授業づくり』文溪堂、2012 年

松川禮子・大城賢共編著『小学校外国語活動実践マニュアル』旺文社、2008 年

松川禮子「新学習指導要領と小学校英語教育」『教育と医学』慶応義塾大学出版会、
　No. 664、2008 年

第14章

植山起佐子「子どもの現状」本田恵子編著『改訂版　包括的スクールカウンセリング
　の進め方』金子書房、2019 年

本田恵子『キレやすい子へのソーシャルスキル教育——教室でできるワーク集と実践
　例』ほんの森出版、2007 年

高野清純監修、佐々木雄二編『生徒指導・教育相談』福村出版、1991 年

文部省『進路指導の手引——高等学校ホームルーム担任編』、1983 年

文部科学省『生徒指導提要』2010 年
　https://www.mext.go.jp/a_menu/shotou/seitoshidou/1404008.htm

文部科学省「平成 30 年度 児童生徒の問題行動・不登校等生徒指導上の諸課題に関
　する調査結果について」https://www.mext.go.jp/content/1410392.pdf

八並光俊・国分康孝編『新生徒指導ガイド——開発・予防・解決的な教育モデルによ
　る発達援助』図書文化社、2008 年

法務省『令和元年度版　犯罪白書』
　http://hakusyo1.moj.go.jp/jp/66/nfm/mokuji.html

三村隆男『新訂　キャリア教育入門——その理論と実践のために』実業之日本社、
　2008 年

「Society 5.0 に向けた人材育成に関わる大臣懇談会新たな時代を豊かに生きる力の育
　成に関する省内タスクホース（2018）Society 5.0 に向けた人材育成～社会が変わる、
　学びが変わる～」
　http://www.mext.go.jp/component/a_menu/other/detail/__icsFiles/afieldfi

le/2018/06/06/1405844_002.pdf

「Society 5.0 に向けた学校（2018）ver.3.0 教員養成部会（第 100 回）配付資料資料 8-3」

http://www.mext.go.jp/b_menu/shingi/chukyo/chukyo3/002/siryo/__icsFiles/afiel dfile/2018/06/20/1406021_17.pdf

第15章

大南英明編著『特別支援学校　新学習指導要領の展開』明治図書、2009 年

柘植雅義『特別支援教育の新たな展開──続・学習者の多様なニーズと教育政策』勁 草書房、2008 年

坂爪一幸編著『特別支援教育に活かせる　発達障害のアセスメントとケーススタディ ──発達神経心理学的な理解と対応：言語機能編』（早稲田教育叢書）学文社、 2008 年

辞書・辞典類

稲富栄次郎監修『教育人名辞典』理想社、1962 年

海後宗臣監修『日本近代教育史事典』平凡社、1971 年

國分康孝『カウンセリング辞典』誠心書房、1995 年

廣松渉他編『岩波　哲学・思想事典』岩波書店、1998 年

久保義三他編著『現代教育史事典』東京書籍、2001 年

日本教育工学会編『教育工学事典』実教出版、2000 年

新井郁男他編『学校教育辞典』教育出版、2003 年

山崎英則・片山宗二編『教育用語辞典』ミネルヴァ書房、2003 年

江川玫成他編著『最新教育キーワード』時事通信社、2009 年度版

白石裕他編『必携　学校小六法　2011 年度版』協同出版、2010 年※

茂木俊彦編集代表『特別支援教育大事典』旬報社、2010 年

日本社会学会編『社会学事典』丸善株式会社、2010 年

日本比較教育学会編『比較教育学事典』東信堂、2012 年

※本書は以下に引き継がれている。

高見茂監修『必携　教職六法　2021 年度版』協同出版、2020 年

あとがき

　2004 年に本書の初版である『現代教育の原理と方法』を出してから、早稲田大学のみならず、多くの大学の先生たちが大学の担当授業のテキストとして本書を使って下さいました。まず、そのことに対し、御礼を申し上げます。

　現在でも、初版を抱えている学生の姿に接すると、うれしいような恥ずかしいような気持ちになります。入門書を執筆するということの責任の重さを痛感するのです。

　また、大学の教育学入門や教職課程用テキストとして編んだにもかかわらず、初版本はいくつかの書評で取り上げられ、そのためもあって、日々教育実践に携わっておられる教育現場の先生方にも読んでいただき、大学院では教育学を学ぶ院生諸君にもかなり行き渡るという結果になりました。編者のひとりとして、望外のよろこびです。

　内容的には、教育という問題を理解するうえでの基本原理と必携の関連事項を網羅して客観的な理解が深められるようにし、読者各位が、教育の理論、実態、課題を把握できるようになるよう努めました。その際に、基礎基本を押さえつつ、歴史的経緯を押さえて今日の問題を考察できること、さらに、教育の国際化やグローバル化といった現代の動向の分析を加え、また、地域社会や子どもを取り巻く臨床的課題にも目配りを忘れず、バランスのとれた入門書となるように工夫しました。とくに教職を目指す方々や、現に教職に従事している方々、そして教育に関心のある多くの方々に利用していただければ嬉しい限りです。

　初版を出してから、2010 年の段階で新しい学習指導要領に対応して全面改訂を行い、書名を『最新教育原理』と改めました。さらにそれから 10 年を経て平成から令和の時代に入り、本年 2020 年に、さらなる学習指導要領改正の

ときを迎えました。この間、2013 年のいじめ防止対策推進法の公布、2015 年の「特別の教科 道徳」の導入、そして 2017 年の特別支援学校学習指導要領の改訂があり注目すべきですが、こうした新たな教育法令の背後にある社会の変化、人間の変化、そして子どもの変化に考察を向け続けたいものです。そこで、よりよい解決や方法を求めていくのに、本書が一助になればと思います。

　個人的なことですが、今日まで教員免許更新制の授業で、教育原理を 3 つもの大学で講じてきました。そのいずれの機会にも、現場の先生たちが目を輝かせて聴き入り、質問を発し、一歩前進し得たといったような感想文を提出してくださいました。教育について考察を新たにしていくことの意義は、何物にも代えがたい人間的な喜びではないでしょうか。本書が、いくらかでもそのような教育的熱意に応じられるようにと、願ってやみません。

　　2020 年 3 月

編者　石堂　常世

人名索引

事項索引

執筆者紹介

安彦忠彦（あびこ　ただひこ）　　編者・第9章・第15章
　　1942年生まれ／東京大学大学院教育学研究科（学校教育学）博士課程中退。博士（教育学）（名古屋大学、1996年）。
　　現在　名古屋大学名誉教授。専攻　カリキュラム学（教育内容・方法）
　　主著　『中学校カリキュラムの独自性と構成原理——前期中等教育課程の比較研究』明治図書、1997年。『私教育再生——すべての大人にできること』左右社、2019年。『来たるべき時代の教育と教育学のために——能力開発から能力制御への重点移動』教育出版、2022年。

石堂常世（いしどう　つねよ）　　編者・第1章
　　1943年生まれ／早稲田大学・パリ第1大学（パンテオン＝ソルボンヌ）博士課程修了、哲学博士　Dr. en Philosophie（1978年）、フランス共和国教育功労章オフィシエ章受勲
　　現在　早稲田大学名誉教授・前郡山女子大学副学長
　　専攻　教育哲学・道徳教育・日仏比較教育学
　　主著　『フランス公教育論と市民育成の原理』風間書房、2013年。訳書　ルブール『学ぶとは何か』（共訳）、勁草書房、1984年。ミヤラレ『教育科学』白水社、1984年。

河村茂雄（かわむら　しげお）　　第2章
　　1959年生まれ／筑波大学大学院教育研究科カウンセリング専攻修了。博士（心理学）（筑波大学、1998年）
　　現在　早稲田大学教育・総合科学学術院教授。専攻　カウンセリング心理学・教育心理学
　　主著　『日本の学級集団と学級経営』図書文化、2010年

菊地栄治（きくち　えいじ）　　第3章
　　1962年生まれ／東京大学大学院教育学研究科博士課程単位取得退学
　　現在　早稲田大学教育・総合科学学術院教授。専攻　教育社会学・教育経営学
　　主著　『希望をつむぐ高校——生徒の現実と向き合う学校改革』岩波書店、2012年

湯川次義（ゆかわ　つぎよし）　　第4章
　　1951年生まれ／青山学院大学大学院文学研究科（教育学専攻）博士課程単位取得退学。博士（教育学）（青山学院大学、2001年）
　　現在　早稲田大学名誉教授。専攻　日本教育史・教育制度史
　　主著　『戦後教育改革と女性の大学教育の成立——共学・別学の並立と特性教育の行方』早稲田大学出版部、2022年

藤井千春（ふじい　ちはる）　　第5章
　　1958年生まれ／筑波大学大学院博士課程教育学研究科単位取得退学。博士（教育学）（早稲田大学、2008年）
　　現在　早稲田大学教育・総合科学学術院教授。専攻　教育思想
　　主著　『ジョン・デューイの経験主義哲学における思考論』早稲田大学出版部、2010年

小松茂久（こまつ　しげひさ）　第6章
　1953年生まれ／大阪大学大学院人間科学研究科（教育制度学）博士課程単位取得退学。博士（学術）
　現在　早稲田大学教育・総合科学学術院教授。専攻　教育行政学
　主著　『教育行政学——教育ガバナンスの未来図［改訂版］』（編著）昭和堂、2016年

長島啓記（ながしま　ひろのり）　第7章
　1952年生まれ／筑波大学大学院教育学研究科（教育学）博士課程単位取得退学
　現在　早稲田大学教育・総合科学学術院教授。専攻　比較教育学
　主著　『基礎から学ぶ比較教育学』（編著）学文社、2014年

油布佐和子（ゆふ　さわこ）　第8章
　1953年生まれ／東京大学大学院教育学研究科博士課程単位取得退学
　現在　早稲田大学教育・総合科学学術院教授。専攻　教育社会学
　主著　『日本の教師——仕事と役割』放送大学教育振興会、2015年

三尾忠男（みお　ただお）　第10章
　1963年生まれ／鳴門教育大学大学院学校教育研究科（教育方法講座）修士課程修了
　現在　早稲田大学教育・総合科学学術院教授。専攻　教育方法学・教育工学
　主著　『FD（ファカルティ・ディベロップメント）が大学教育を変える』（共編）文葉社、2002年

古賀　毅（こが　つよし）　第11章前半（道徳教育の部分）
　1969年生まれ／早稲田大学大学院教育学研究科（教育基礎学専攻）博士後期課程満期退学
　博士（教育学）（早稲田大学、2003年）
　現在　千葉工業大学創造工学部准教授。専攻　教育思想史、道徳教育、社会科教育
　主著　『教育の方法・技術とICT』（共編著）学文社、2022年

佐藤隆之（さとう　たかゆき）　第11章後半（特別活動の部分）
　1966年生まれ／早稲田大学大学院教育学研究科（教育基礎学専攻）博士後期課程満期退学
　博士（教育学）（早稲田大学、1999年）
　現在　早稲田大学教育・総合科学学術院教授。専攻　教育思想
　主著　『市民を育てる学校——アメリカ進歩主義教育の実験』勁草書房、2018年

小林宏己（こばやし　ひろみ）　第12章
　1953年生まれ／東京学芸大学大学院教育学研究科修士課程修了
　現在　早稲田大学教育・総合科学学術院教授。専攻　教育方法（授業研究、教師教育）、教科教育（社会科、生活科・総合）
　主著　『授業研究27の原理・原則——授業力向上のための実践的思考』学事出版、2013年

松川禮子（まつかわ　れいこ）　　第13章
　　1948年生まれ／東京大学大学院教育学研究科修士課程修了
　　現在　岐阜女子大学学長。専攻　教育方法、英語教育学
　　主著　『明日の小学校英語教育を拓く』アプリコット、2004年

本田恵子（ほんだ　けいこ）　　第14章前半（生徒指導と教育相談の部分）
　　1960年生まれ／コロンビア大学大学院　カウンセリング心理学博士　Ed. D
　　現在　早稲田大学教育・総合科学学術院教授。専攻　学校心理学
　　主著　『発達障害のある子のためのアンガーマネージメント』（編著）明治図書出版、2021
　　年

三村隆男（みむら　たかお）　　第14章後半（キャリア教育と進路指導の部分）
　　1953年生まれ／東洋大学大学院文学研究科博士後期課程（教育学専攻）単位取得退学
　　現在　早稲田大学教育・総合科学学術院教授。専攻　キャリア教育、キャリア・カウンセ
　　リング、職業指導史
　　主著　『書くことによる生き方の教育の創造——北方教育の進路指導、キャリア教育から
　　の考察』学文社、2013年

山口幸一郎（やまぐち　こういちろう）　　第15章
　　1947年生まれ／上智大学理工学部卒業。
　　現在　元早稲田大学客員教授。専攻　特別支援教育（知的障害教育）、学校経営・学校人
　　事管理
　　主著　『はじめての自閉症学級小学1年生』（共編著）ジアース教育新社、2008年

宮古紀宏（みやこ　のりひろ）　　索引
　　1979年生まれ／早稲田大学大学院教育学研究科（教育基礎学専攻）博士後期課程単位取得
　　満期退学。修士（教育学）
　　現在　国立教育政策研究所　生徒指導・進路指導研究センター総括研究官。専攻　生徒指
　　導、キャリア教育、比較教育学（アメリカ）

栗原真孝（くりはら　まさたか）　　索引
　　1981年生まれ／早稲田大学大学院教育学研究科（教育基礎学専攻）博士後期課程単位取得
　　満期退学。修士（教育学）
　　現在　鹿児島純心女子大学（2023年4月より鹿児島純心大学）人間教育学部准教授。専攻
　　教育行政学、外国籍児童生徒の教育

最新教育原理　第2版

2010年10月20日　第1版第1刷発行
2020年 5 月20日　第2版第1刷発行
2023年 3 月20日　第2版第2刷発行

編著者　安彦忠彦
　　　　石堂常世

発行者　井村寿人

発行所　株式会社　勁草書房

112-0005　東京都文京区水道2-1-1　振替　00150-2-175253
　　　　　（編集）電話 03-3815-5277／FAX 03-3814-6968
　　　　　（営業）電話 03-3814-6861／FAX 03-3814-6854
　　　　　港北メディアサービス・中永製本所

＊表示価格は 2023 年 3 月現在。消費税 10%が含まれております。